Ilona Bürgel

Schoko logie

Was wir vom
Schokolade-Essen
fürs Leben
lernen können

südwest

ISBN 978-3-517-08952-2

1. Auflage 2013

Programmleitung: Silke Kirsch
Projektleitung: Esther Szolnoki
Lektorat: Ina Raki
Illustrationen: Claudia Semia Sanna
Layout: Claudia Semia Sanna
Umschlaggestaltung und -konzeption: zeichenpool, München, unter Verwendung einer Illustration von shutterstock/Igor Stramyk
Satz: Nadine Thiel, kreativsatz, Baldham
Druck und Verarbeitung: GGP Media GmbH, Pößneck

Printed in Germany

Verlagsgruppe Random House FSC® N001967
Das für dieses Buch verwendete FSC®-zertifizierte Papier *Munken premium cream* liefert Arctic Paper Munkedal AB, Schweden.

www.suedwest-verlag.de

Inhalt

Appetitmacher: Wie ich die Schokoladenstrategie entdeckt habe

Ich habe Lust auf Schokolade.
Es ist nachmittags, kurz nach fünf Uhr. Ich sitze schon seit vielen Stunden am Computer, und obwohl ich nicht hungrig bin, kommt dieser kleine, hartnäckige Appetit. Ich weiß schon genau, wie es weitergehen wird: Entweder ich unterdrücke ihn dadurch, dass ich mir und ihm sehr bestimmt klarmache, dass ich gerade keine Zeit habe. Oder ich vertröste mich auf später. Diese Disziplinierungsversuche haben – das weiß ich leider aus langjähriger Erfahrung – lediglich zur Folge, dass ich abends nur umso mehr nasche – oder sogar maßlos heißhungrig Süßes in mich hineinstopfe. Und mich darüber anschließend ebenso maßlos ärgere. Dann wird das jetzt gerade anklopfende Bedürfnis nach »ein bisschen verwöhnt werden« längst vorbeigezogen sein. Doch es wird die Spur eines größeren, viel schwerer zufriedenzustellenden Bedürfnisses hinterlassen …
Gut erinnere ich mich an Versuche, dem kleinen Schoko-Appetit über die vernünftige Schiene zu kommen mit Fragen wie: »Soll ich wirklich? Darf ich das? Hatte ich nicht gestern erst süße Freuden?«. Solche Fragen stelle ich mir erfreulicherweise schon lange nicht mehr.
Ich ergreife inzwischen in solchen Situationen eine dritte Möglichkeit: Ich nehme mir bewusst einen Augenblick, eine Mini-Auszeit, um mir

etwas Gutes zu gönnen, ein bisschen für mein Wohlbefinden zu sorgen und mir Freude zu bereiten.

Dafür haben Sie meist einfach keine Zeit? Wenn wir ehrlich zu uns sind, ist es oft ein so winziger Aufwand, auf die eigenen Bedürfnisse zu achten und gut für sich zu sorgen. Versuchen Sie es! Das rate ich nicht nur meinen Klienten. Sondern das setze ich selbst seit einigen Jahren immer konsequenter um. Ich lehne mich zurück, dankbar und zufrieden mit meiner Wahl, und meine Geschichte geht so weiter: Ganz bewusst gebe ich mich wunderbaren Gedanken hin. Welche Schokolade soll es jetzt sein? Eine mit Nuss, schön bissfest und knackig? Oder eher eine mit Gewürzen? Zimt mag ich besonders gern, er wärmt Körper und Seele. Oder besser meine derzeitige Lieblingsschokolade: eine ganz dunkle – mit Salz. Diese großartige Verbindung von kakaohaltiger, nicht zu süßer Schwere, lang anhaltendem Schmelz und dem salzigen Kitzel auf der Zunge!

Ich kann sie schon vor mir sehen, die kleinen weißen Kristalle auf der Tafel, kann die Vorfreude auf den Moment spüren, in dem die winzigen Salzstücke im Mund knacken, die Vorfreude auf den Moment, in dem sich Zartheit und Härte verbinden … Ja, die soll es heute sein!

Rechtzeitig vor Ladenschluss mache ich mich auf den Weg zum Schokoladenladen, der erfreulicherweise nur zehn Minuten Fußweg von meinem Büro entfernt liegt. Gewünscht, gekauft und gleich ein Stück genascht. Das zweite Stück folgt in Ruhe auf dem Sofa und zum dritten gibt einen duftenden, frisch gebrühten Jasmintee. Oh, wie geht es mir gut. Auch die passende Musik zum vollkommenen Glück gehört dazu: Ein Stück von Vivaldi rundet diesen Moment perfekt ab. Ich bin in einem Zustand der Ruhe, des Glücks angekommen. Zufrieden strahle ich.

Ist denn heute mein Geburtstag, habe ich etwas ganz Besonderes geleistet, dass ich mich so verwöhne? Nein, es ist einer der Tage meines Lebens, den ich »einfach so« in vollen Zügen genieße, und das mit vollkommen gutem Gewissen.

Noch ein winziges Stück Salz-Süß-Genuss mehr und die Glückshormone durchfluten meinen ganzen Körper. Ich bin im Schokoladenwunderland angekommen.

Wie kam es dazu, dass ich heute so lebe?

Ich habe noch ganz klassisch an der Universität Psychologie studiert und mich auf Gehirn- und Gedächtnisforschung spezialisiert. Bei meiner Promotion beschäftigte ich mich mit dem autobiografischen Gedächtnis, also der Erinnerung an die eigene Vergangenheit. Danach half mir der berühmte Zufall, etwas zu tun, was für meinen weiteren Weg entscheidend wurde: Ich ging in die Wirtschaft, statt mich als Psychologin niederzulassen. Dies war ein ganz wichtiger Moment in meiner beruflichen Laufbahn. Hätte ich mich nämlich gleich nach der Promotion weiter mit Psychologie beschäftigt, hätte ich mich mit den traditionellen Methoden befasst und diese auch vermittelt.

So aber hatte ich fünfzehn Jahre Zeit, bis der für mich perfekte Moment gekommen war, mich mit den Hintergründen der Psychologie zu befassen: Neue Methoden und Ansichten hatten sich inzwischen etabliert, die meinen Überzeugungen und meinem Wesen viel besser entsprechen. Die klassischen Methoden der Psychologie sind eher problemorientiert. Es geht um die Analyse, die Geschichte, das Verständnis für ein Problem. Traditionell ist der Psychologe oder Psychotherapeut eher der Wissende, der Experte, manchmal gar der Halbgott in Weiß, der dem Ratsuchenden hilft, sein Problem zu verstehen. Ich bin jemand, der, anstatt Probleme zu analysieren, lieber gleich nach Lösungen, nach Chancen sucht und diese gern gemeinsam mit anderen findet. Neue Techniken, wie sie gerade auch im Bereich des Coachings zu finden sind, stärken viel mehr die Handlungskompetenz des Klienten. Es wird mehr Wert auf Praktikables, sofort Anwendbares gelegt. Und die Beziehung zwischen Therapeut und Klient ist eher eine ebenbürtige. Klienten haben die Fähigkeit, den Wunsch und die Kraft, sich selbst zu helfen. So bin ich überzeugte Anhängerin der Positiven Psychologie geworden.

Dabei bin ich keine Erfinderin, sondern eine Entdeckerin und Testerin. Ich sichte und teste die vielen, vielen Angebote, die es heute für unsere persönliche Entwicklung gibt, suche das Beste heraus und komprimiere es zur leichten und praktikablen Anwendung. Das schlage ich auch Ihnen vor. Beschränken Sie sich, erkennen Sie die Möglichkeiten überall! Denn nicht immer muss es etwas Neues sein, die Frage ist vielmehr: Wie kann ich das, was ich erfahre, umsetzen? Wann fange ich damit an und wie mache ich es mir einfach? Manchmal brauchen wir eine Menge Wiederholungen, bis wir uns etwas vorstellen können, oder es dauert etwas, bis der richtige Zeitpunkt zur Umsetzung gekommen ist.

Wenden Sie das, was Sie wissen, ab jetzt konsequent an. Und starten Sie. Sofort. Lieber mit etwas Kleinem, als gar nicht. Lieber mit einem Irrtum, als gar nicht. Lieber langsam, als gar nicht. Hauptsache Sie bewegen sich in Ihre richtige Richtung, denn die Zeit läuft. Dabei helfen klare Entscheidungen. Und dafür ist es gut, zu üben und Erfahrungen zu sammeln. Deshalb finden Sie diese Komponenten immer wieder auch in diesem Buch.

Zurück zu meinem Weg: Mir war wichtig, scheinbar schwierige Themen des Alltags mit Leichtigkeit, Heiterkeit und Genuss zu vermitteln. Ich wollte und will den Menschen, mit denen ich arbeitete, etwas geben, was ihnen sofort Freude bereitete. Natürlich habe ich dabei auch an mich gedacht und wollte als mein Markenzeichen etwas etablieren, was auch mein Herz höher schlagen lässt.

Das war dann wirklich ganz leicht gefunden: Schokolade! Schokolade ist ein so wunderbares Symbol dafür, wie gern wir es einfach schön im Leben haben würden und es uns doch so schwer machen, und wie viel überholtes Wissen wir mit uns herumtragen.

Und so ist aus der Kombination zweier Steckenpferde ein Konzept entstanden, mit dem ich Ihr und mein Leben bereichern möchte. Es basiert auf fünf Prinzipien, die jeweils zunächst ganz praktisch betrachtet werden. Es folgt der Nachweis, warum unsere schokoladigen Überlegungen keinesfalls nur ausgefallene Einzelerfahrungen sind, sondern

gut fundiert auf wissenschaftlichen Füßen stehen. Die leckersten Ideen für die Umsetzung in Ihrem Alltag runden jedes Prinzip ab.
Leben Sie Ihr Leben ab heute genussvoll – nach den ganz einfachen Prinzipien der Schokopsychologie! Diese können Sie beim Schokolade-Essen ausprobieren und dann auf Ihr ganzes Leben übertragen
Gutes Gelingen und: schön, dass Sie da sind.

Wie Sie das Leben am besten vernaschen

Schokolade-Essen kann jeder – es geht einfach und macht Spaß. Nutzen wir doch dieses Können, dessen wir uns nicht einmal bewusst sind, für unseren ganz normalen Alltag: Was ist typisch beim Schokolade-Essen? Was können wir daraus für den persönlichen Alltag lernen, um die eigene Schokoladenseite des Lebens im privaten, beruflichen und persönlichen Umfeld zu genießen?

Beim Schokolade-Essen und im Leben sind wir leider oft streng zu uns. Verbieten uns den Genuss, erlauben uns nur nach Leistung eine kleine Belohnung … dabei führt ein solches Verhalten ganz schnell in Unzufriedenheit und Frust: Nur der, dem es gut geht, kann anderen etwas abgeben. Nur wer zufrieden ist mit seinem Leben, kann glücklich sein – und letztendlich kann nur der auch leistungsfähig und gesund bleiben, der genießen kann, sich ausreichend Zeit für sich selbst nimmt und gut für sich sorgt.

Warum Genuss vernünftig ist

Als bekennende Schokoladenliebhaberin habe ich mir schon manches Mal die Frage gestellt: Könnte nicht alles im Leben so leicht und angenehm sein wie der bewusste Genuss eines Stücks Schokolade? Schauen Sie sich einen Menschen an, der gerade eine Tafel öffnet, oder dem ein Stück Schokoladentorte gereicht wird: Seine Augen leuchten, die ganze Person strahlt. Begeisterung, Glück, Energie.

Genuss und Lebensfreude wünschen wir uns alle. Doch wie viel Platz geben wir ihnen wirklich in unserem Alltag? Hektik, Pflichten, Zeitdruck, die Lust und Last der Arbeit … all das scheint uns fest im Griff zu haben. Viele Menschen, vor allem die meisten Frauen, sind stets für alles und jeden da und denken viel zu selten an sich selbst. Ein gutes Leben wird immer wieder auf »morgen« oder »später« verschoben. Das ungeschriebene Gesetz »erst viel (für andere) leisten, dann glücklich sein«, wird in unserer Gesellschaft bis zum Exzess gelebt. Die Quittung bekommen wir leider oft unvermeidlich: Burnout, Übergewicht, Scheidungen, Mobbing … All diese unerfreulichen Phänomene haben damit zu tun, dass wir immer wieder nur Pflichten erfüllen und das Gute vertagen. Dass wir irgendwann nicht mehr leben, sondern nur noch funktionieren. Wir selbst bleiben auf der Strecke.

Mein Vorschlag: Lernen Sie zu genießen – und zwar zuerst die Schokolade. Genau in dem Moment, in dem Sie Lust darauf haben. Und dann genießen Sie Ihr gesamtes Leben genauso, wie Sie gelernt haben, Ihre Schokolade zu genießen.

Genießen Sie hier und sofort. Gönnen Sie sich mehr. Und zwar das, was zu Ihnen passt. Lernen Sie zu sehen, dass Sie stets alle Möglichkeiten dafür haben. Erheben Sie das Thema Schokolade zu Ihrem Lebensmotto. Gestalten Sie Ihr Leben bewusst, gesund und glücklich. Und: Nutzen Sie es dadurch bestmöglich. Sie haben nur das eine, und für manchen von uns ist bereits mehr als die Hälfte der durchschnittlichen Lebenserwartung abgelaufen – wir sollten also jetzt beginnen!

Machen Sie sich bewusst: Genuss **darf** in den Mittelpunkt Ihres Lebenskonzeptes rücken. Nur wenn es Ihnen gut geht, profitieren alle davon. Wenn Sie Dinge tun, weil Sie das wollen, und nicht, weil sie es müssen, werden Sie sich viel besser fühlen und doppelt so effektiv sein. Glückliche Menschen leben länger und gesünder, sind produktiver, haben zufriedenere Kunden und Mitarbeiter und können Krisen besser meistern. Sie dürfen dabei auch ein gutes Gewissen haben, denn Sie allein sind für sich zuständig und leben mit den Konsequenzen Ihrer Entscheidungen – niemand

sonst. Indem Sie stets auf Ihr Wohlbefinden achten, treffen Sie ab sofort bessere Entscheidungen.
Es ist im Leben insgesamt genauso wie beim Schokolade-Essen: Wenn wir es wirklich genussvoll tun, dann greifen wir bei den Sorten zu, die uns schmecken, auf die wir Lust haben. Und wir greifen genau dann zu, wenn wir Appetit darauf haben – und nicht »irgendwann später«.
Sie erinnern sich an unsere Einstiegsgeschichte?

»Ich habe Lust auf Schokolade. Es ist nachmittags, kurz nach fünf Uhr. Ich sitze schon seit vielen Stunden am Computer und obwohl ich nicht hungrig bin, kommt dieser kleine, hartnäckige Appetit. Ich weiß schon genau, wie es weitergehen wird: Entweder ich unterdrücke ihn dadurch, dass ich mir und ihm sehr bestimmt klarmache, dass ich gerade keine Zeit habe. Oder ich vertröste mich auf später …«

Stellen Sie sich vor, ich hätte nun gedacht »Reiß dich zusammen! Du hattest erst gestern Schokolade! Du wirst sonst dick, was sollen denn dann deine Klienten über dich denken? Sei Vorbild für Disziplin und zeige ihnen, dass die Gedanken stärker als die Gelüste des Körpers sind …«.
Dann wäre die Geschichte vielleicht so weitergegangen: »Ich denke mir weiter: ›Ach, Zeit habe ich ohnehin auch nicht, bin ja noch längst nicht mit meiner Arbeit fertig …‹. Ich beantworte weiter meine E-Mails – ohne Fleiß kein Preis! Ich streiche die Minipause, von der ich geträumt hatte. Mit einem sehnsüchtigen Seufzen tue ich das … und ein ganz kleines bisschen gereizt.« Ich bin mir sicher: Sie kennen dieses Gefühl sehr gut, das ich in dieser Situation hätte – oder?
Der Grund dafür, dass es mir damit unterm Strich nicht gut gegangen wäre, ist ein simpler: Ich hätte weiter gearbeitet und damit meine Aufmerksamkeit meinem Computer geschenkt, statt mir selbst. Nichts wäre es mit Glanz in den Augen und entspann-

ter Zufriedenheit. Nichts wäre es mit kreativer Auszeit, nach der auch das Gehirn sich erholt hätte und die Ideen nur so aus mir heraus gepurzelt wären. Ist es nicht jammerschade, dass wir uns so selten bewusst machen, dass die »vernünftige Disziplin«, mit der wir unsere eigenen Bedürfnisse so gern übergehen, das Unvernünftigste ist, was wir uns antun können?

Schauen Sie sich einmal um: Unsere Welt ist voller Menschen mit schlechtem Gewissen, die im ständigen Kampf mit sich selbst sind, auch mal »nein« zu anderen, »ja« zu sich selbst sagen zu dürfen, mit Sorge und Angst vor der Zukunft. Das geht beim Schokolade-Naschen schon los: Oder rechnen Sie etwa nicht mit, wie viele Kalorien diese siebte Praline bringen wird, was Ihre Waage dazu sagt und wie Sie sich wieder quälen werden, damit der Rockbund nicht spannt?

Dabei unterliegt alles, was wir tun, einem einheitlichen Prinzip: Je mehr wir etwas erzwingen wollen, je mehr wir uns ohne Freude anstrengen, umso seltener gelingt es. Je mehr wir uns beim Essen verbieten, umso größer wird der unkontrollierbare Heißhunger. Je mehr wir uns abrackern, der Familie alles recht zu machen, um so mehr erwarten die Menschen um uns herum. Je häufiger wir abzunehmen versuchen, umso mehr wächst das Gewicht. Je verzweifelter wir nach einem Partner suchen, umso seltener spricht uns jemand an …

Kurz: Die Methode »Mühe« funktioniert in unserem Leben absolut nicht. Deshalb wird es höchste Zeit, endlich die Methode selbst in Frage zu stellen und nicht immer wieder unseren Einsatz! Die Alternative heißt »bewusster Genuss«: Das, was wir tun, mit Freude zu tun. Weil wir wollen – und nicht, weil wir müssen. Alles wird uns so nicht nur leichter von der Hand gehen, wir werden auch schneller und sicherer zu den gewünschten Ergebnissen kommen. Die Erklärung dafür ist recht einfach: Wenn wir im Status negativer Gefühle sind, regiert unser so genanntes Emotionshirn und zieht Energie ab. Wir geraten in einen Strudel von

Ärger, Frust, Sorge oder Angst. Als älterer Gehirnanteil reagiert das Emotionshirn schneller und einflussreicher als das jüngere Denkhirn mit seinen guten Vorsätzen. Ja, es kann dieses sogar abschalten und dann können wir nicht mehr sinnvoll denken, sind weniger produktiv oder verhalten uns ganz anders, als wir es uns vorgenommen hatten.

Kehren wir das Ganze um, fühlen wir uns gut, sind im Status von Freude, Genuss, Wohlbefinden. Wir haben Energie **und** können gut denken. Wir verfügen über die optimale Kombination, um allen Anforderungen des Lebens gewachsen zu sein. Natürlich benötigen wir für das schlaue Denken auch die zu unseren Wünschen passenden Konzepte, zum Beispiel beim Essen. Ich habe über viele Jahre selbst und auch mit meinen Klienten gute Erfahrungen mit kohlenhydratbewusstem Essen gemacht. Deshalb finden Sie in diesem Buch auch einen ausführlichen Bonusteil zu der Frage, wie Sie es schaffen, dass genussvolles Schokolade-Essen kein Hüftgold hinterlässt (siehe ab Seite 173).

Die Verbindung zwischen Schokolade und Positiver Psychologie

Neben Schokolade fasziniert mich wie bereits geschrieben auch die Psychologie – und zwar ganz konkret die Positive Psychologie. Diese entstand parallel zur »Wellnessbewegung« in den USA der 1970er-Jahre. In dieser Zeit wurde das Wohlergehen des Einzelnen propagiert. Die Wege zu diesem neuen Wohlgefühl waren vor allem Fitness, gesundes Essen und Genussinvestitionen in sich selbst, etwa indem man sich Massagen oder Kosmetikbehandlungen gönnte. Jane Fonda spielte eine große Rolle dabei: Wer von uns hat nicht mal im Aerobic-Kurs die Beine geschwungen oder einen der vielen Nachfolger ausprobiert? Ich war und bin beeindruckt von Jane Fondas Konzept und der Konsequenz, mit der sie dieses im eigenen Leben umgesetzt hat. Sie ist auch heute ein strahlendes Beispiel für eine attraktive Frau 70 plus.

Doch nicht nur dem Körper widmete man sich in dieser Zeit, sondern auch dem eigenen Geist. Coaching und positives Denken erlebten einen Aufschwung, immer mehr Menschen befassten sich damit. Auch die wissenschaftliche Orientierung änderte sich: Hatte sich die Psychologie bis dahin schwerpunktmäßig der Erforschung und Heilung von psychischen Störungen und Symptomen gewidmet, also der Überwindung von Schwierigkeiten und Problemen, begann in den 1980er-Jahren die Beschäftigung mit den guten Gefühlen: Forschung für Menschen wie Sie und mich, die gesund sind und sich einfach ein gutes Leben wünschen. Kurzum: Die Positive Psychologie befasst sich mit dem normalen Alltag des gesunden Menschen. Sie bietet uns eine wissenschaftlich untermauerte Perspektivänderung in dem Sinne, dass jeder Einzelne ein Recht auf ein gutes, schönes Leben hat – und deshalb passt sie wunderbar mit der Schokologie zusammen.

Die Geschichte der Positiven Psychologie

Der »Großvater« der Positiven Psychologie, Dr. Don Clifton, war einer der ersten, der sich fragte, warum sich die Psychologie nicht mit dem befasste, was Menschen gut tut und was sie gut können, sondern sich stattdessen fast ausschließlich auf Probleme und Defizite konzentrierte. In seiner wissenschaftlichen Arbeit wertete er traumatische Erfahrungen amerikanischer Kriegsgefangener aus, die im Gefängnis ständig mit negativem Denken und negativen Informationen konfrontiert gewesen und krank geworden waren. Er suchte nach Möglichkeiten, mit Positivität einen stärkeren Einfluss auszuüben. Damit legte er den Grundstein für die Entwicklung ganz neuer Denkweisen in der Psychologie.

Als »Vater« der Positiven Psychologie gilt Dr. Martin Seligman, der im Jahr 2000 die Positive Psychologie als wissenschaftliche Richtung etablierte. Im Fokus seiner Arbeit stand es, mit Forschung zu belegen, was viele von uns im Alltag erleben, und daraus praktikable Konzepte abzuleiten. Positive Emotionen, positive Charaktereigenschaften und positive Institutionen gelten als die drei Arbeits- und Forschungsschwerpunkte Seligmans. Woher kam die Motivation? Zum Beispiel aus Forschungsarbeiten wie von Seligmans Kollegen Ed Diener von der University of Illinois, dessen Befragung von Studienteilnehmern, wie zufrieden oder glücklich sie seien, zeigte, dass die glücklichen Menschen durchschnittlich neun Jahre länger leben.[1]

Wichtige Ergebnisse der Glücksforschung innerhalb der Positiven Psychologie waren beispielsweise die folgenden Erkenntnisse:

1. Es gibt drei Säulen für Glück:

- positive Gefühle (ausgelöst durch Ereignisse wie ein gutes Essen oder den Kauf eines neuen Autos)
- Selbstverwirklichung (in der Arbeit, einem Tun oder einer Beziehung) sowie
- Sinn, den ich durch mein Tun für andere erfahre. Ob dieser Sinn aus einer glücklichen Partnerschaft, dem Einsatz für Ideale, dem Engagement in einer religiösen Gemeinschaft oder in einem erfüllenden Beruf entspringt, spielt keine Rolle.

2. Es gibt optimale Zeitperspektiven für Glück:

- Zufriedenheit mit der Vergangenheit,
- Glück in der Gegenwart und
- Optimismus hinsichtlich der Zukunft.

3. Es sind 24 Tugenden als Beitrag zum Glück belegt:

Diese sind uns nicht neu, jedoch fehlt der wissenschaftliche Nachweis für deren glücksfördernde Wirkung bislang. Zumindest so viel zeichnet sich jedoch ab: Hoffnung, Dankbarkeit und Neugier tragen zum Glücksgefühl am stärksten bei.

Die Ideen der Positiven Psychologie waren damals revolutionär – und sind auch heute noch wichtig und interessant für jeden von uns. Denn seit es Religion, Philosophie und Psychologie gibt, seit sich der Mensch mit dem »Sinn des Lebens« beschäftigt, existiert der Streit, ob das menschliche Dasein in erster Linie eine Plage sein muss – oder ob der Mensch vor allem in der Welt ist, um sein Leben zu genießen.

In unserem Kulturkreis ist es historisch gesehen eher etabliert, dass das Leben schwer und hart sein muss. In den letzten Jahrzehnten schwang das Pendel dann in das andere Extrem, nämlich den scheinbar endlosen und kompromisslosen Glücksanspruch. Nun ist es an der Zeit, das rechte Maß von allem für das eigene Leben zu finden.

Neue Prinzipien für Ihr Leben

Leben Sie Ihr Leben ab heute genussvoll – nach den ganz einfachen Prinzipien der Schokopsychologie! Diese können Sie beim Schokolade-Essen ausprobieren und anschließend Schritt für Schritt auf Ihr ganzes Leben übertragen. Mit welchen Zutaten Ihnen das gelingt, erfahren Sie in diesem Buch.

Auf einen Blick

Die fünf Zutaten des Schokopsychologie-Konzeptes

1. ERLAUBEN Sie sich, Ihr Leben zu genießen.
2. Im Leben wie beim Schokolade-Essen: Genießen Sie das, was da IST.
3. Lassen Sie sich Ihr Leben JETZT schmecken.
4. Haselnuss oder Marzipan? Finden Sie heraus, was zu IHREM LEBEN passt.
5. Tun Sie GUTEN GEWISSENS das BESTE für sich selbst.

Jede der fünf Zutaten zum Schokologie-Konzept ist so köstlich, dass sie ein eigenes Kapitel verdient. Dabei schauen wir uns zunächst an, welche praktischen Überlegungen hinter einer Zutat stecken und warum es Ihnen vielleicht bisher noch nicht gelang, Ihrem Leben diese Zutat hinzuzufügen. Anschließend sollen kleine Helfer eine Inspiration für Sie sein, sofort anzufangen. Danach gibt es in jedem Kapitel einige Seiten mit wissenschaftlichen Informationen, auf denen Sie mehr über die Hintergründe der entsprechenden Lebenszutat erfahren. Das Gehen kleiner neuer Schritte im Alltag liegt mir besonders am Herzen, weshalb der letzte Abschnitt jedes Kapitels ganz konkrete Idee enthält, aus denen Sie für sich immer wieder neue Anregungen auswählen können. Doch nun geht es wirklich los.

Zutat Nr. 1:

ERLAUBEN Sie sich, Ihr Leben zu genießen

Diese erste Zutat ist die wichtigste. Denn Sie können alles Mögliche wollen, üben und sich vornehmen: wenn Sie nicht eine grundsätzliche Entscheidung für ein gutes Leben treffen, werden Sie immer wieder an innere Grenzen stoßen.

Auf einen Blick

Darum geht es

Welche Einstellung zum Leben und zu sich selbst haben Sie? Machen Sie sich bewusst: Sie können Entscheidungen für sich genussvoll treffen, beim Naschen und im Leben. Die Grundlage dafür ist, sich die Erlaubnis zum guten Leben zu geben.

Woraus sich die ERLAUBNIS zum guten Leben ableitet

Je mehr gute Momente Sie haben, umso besser! Denn das Verhältnis von positiven zu negativen Momenten im Leben bestimmt, wie voll unsere Batterien sind, was wir abgeben können, wie wir uns fühlen, wie gesund wir bleiben und auch, wie erfolgreich wir in unserer Arbeit sind.

Die Erlaubnis zum Genuss im Alltag

Es ist Ihre Entscheidung: Es darf Ihnen gut gehen, egal was passiert. Das gute Leben darf Prinzip sein.

Die praktischen Grundlagen für Ihre Erlaubnis, das Leben zu genießen

Es ist gar nicht so einfach, aus den Fallen von Verzicht, Kontrolle und Disziplin herauszukommen. Das Fatale: Kontrolle und Co. haben ja auch nützliche Seiten, wir werden uns später zum Beispiel mit dem Thema Selbstdisziplin als Glücksfaktor befassen. Meist halten sie uns jedoch von der Schokolade und der Schokoladenseite des Lebens fern. Das schaffen sie sehr nachhaltig, denn unsere Gedanken, unsere lebenslang erworbenen Leitsätze und Annahmen darüber, was richtig und falsch ist, beeinflussen unsere Stimmung und unser Verhalten.

Was ich damit meine? Nun, hat Ihre Mutter immer betont, dass **sie** nur eine Praline nimmt? War sie immer »auf Diät«? Machte sie nie Pause, bevor alle Fenster geputzt waren? Oder haben Sie Freundinnen, die sich im Fitnessstudio abmühen, um sich dadurch ein bisschen Genuss zu »verdienen«? Die eisern jeden Dienstag und Freitag zum »Problemzonentraining« (allein schon dieses Wort verdirbt jede Freude) gehen und dann Sprüche sagen wie »Ich treibe Sport, um essen zu dürfen«? Wer kann denn da noch lust- und genussvoll zugreifen? Mir scheint, gerade wir Frauen sind bezüglich unseres Körpers sehr empfindlich für Kritik oder scheinbare Übertretungen, die wir ahnden müssen.

Doch auch in anderen Bereichen spitzt sich der Widerspruch zwischen Anstrengung und fehlendem Genuss zu. Svenja Flaßpöhler hat sich in ihrem Buch »Wir Genussarbeiter«[2] damit befasst und schreibt, dass die Überschwänglichkeit in der Arbeit der Enthaltsamkeit im privaten Genuss entspricht. Wir arbeiten exzessiv statt ekstatisch: Wir finden am Schreibtisch kein Ende, Überstunden empfinden wir schon nicht mehr als solche. Aber zum Genuss müssen wir uns regelrecht zwingen. Und wir werden unruhig, wenn es um uns her ruhig und langsam wird. Wir gönnen uns keine unverplante Zeit mehr, keine Überraschungen, keine Langeweile – aber all das gehört zum Genuss dazu.

Wir verwechseln Aktionismus in unserer an Leistung orientierten Gesellschaft leicht mit Leidenschaft oder Vitalität. Arbeitssucht und Sportsucht sind die einzigen gesellschaftlich anerkannten, sogar geforderten und geförderten Süchte. Süchte zeichnen sich dadurch aus, dass die Betroffenen das Gefühl haben, nicht aufhören zu können. Wir wollen geliebt, anerkannt und geachtet sein – und beuten uns dafür selbst aus. Der Preis ist das ständige Gefühl, sich um andere bemühen zu müssen. Je unsicherer wir uns über unsere Bedeutung sind, umso mehr Energie investieren wir und opfern uns schließlich regelrecht auf.

Das führt aber dazu, dass wir nie so locker sind, wie wir sein könnten. Wir sehen stets weniger Möglichkeiten, als tatsächlich vorhanden sind. Und um Mund und Augen spielen keine Lachfältchen, sondern disziplinierte, harte Linien zeichnen unser Gesicht. Unsere anerzogenen und antrainierten Prinzipien sind Gegner der guten Laune.

Spuren des Glücks und Genusses auf den Fingern oder im Gesicht können wir viel eher er- und behalten, wenn wir uns das erlauben, was wir mögen, und wenn wir bewusst wahrnehmen, wie es uns gerade geht. Manchmal hilft eben ein Stück Schokolade, sich besser zu fühlen. Zumindest mir und womöglich auch Ihnen. Darüber werden wir noch öfter sprechen, denn dieses Buch ist für Menschen geschrieben, die Schokolade mögen. Natürlich gibt es unzählige andere Dinge, mit denen wir für unser Wohlbefinden sorgen können. Der Knackpunkt ist: Erlauben wir uns das selbst von ganzem Herzen – oder eher nicht?

Meist zögern wir es heraus, es uns gut gehen zu lassen. Was das dann bewirkt, kennen Sie bestimmt auch vom Schokolade-Essen: Wenn Sie es zu lange vor sich her schieben, überkommt Sie irgendwann der Heißhunger. Und danach? Kommt das schlechte Gewissen, dass Sie über die Stränge geschlagen, sich zu viel genommen haben … Oft schon beim letzten Bissen, gar nicht zu sprechen vom nächsten Tag. Schuld, Scham, Angst vor den Konsequenzen sitzen uns im Genick. Genauso ist es mit vielen anderen Dingen im Leben. Gehört es sich, unverschämt reich zu sein? Darf man mit wenig Arbeit viel Geld verdienen? Könnten Sie es annehmen, von Ihrem Partner, von den Eltern oder Freunden einfach so verwöhnt zu werden? Würden Sie nicht auch sofort über Gegenleistungen nachdenken, wenn Kollegen Ihnen Arbeit abnehmen oder wenn Sie große Geschenke, schmeichelhafte Komplimente oder engagierte Hilfe bekommen?

Überleben oder leben Sie?

Unsere Zeit ist begrenzt und wir dürfen sie nicht damit verschwenden, das Leben eines anderen zu leben. Wir dürfen nicht den Lärm, den die Meinungen anderer erzeugen, über unsere innere Stimme, die Stimme unseres Herzens stellen. Das ist der Appell eines Mannes an uns, der wusste, wovon er sprach. Möchten Sie dessen »Erlaubnis zum guten Leben« übernehmen? Es war Steve Jobs, der Apple-Begründer, der am 14. Juni 2005 auf der Abschlussfeier der Stanford University so sprach.[3] Damals war er schon sehr krank, sechs Jahre später starb er.

Kann es sein, dass wir viel zu viele Gedanken, Kraft, Zeit und Energie auf den täglichen Überlebenskampf richten, der in unserer Region ja gar keiner ist, aber von uns so wahrgenommen wird? Sind wir zu sehr mit dem »Überleben« befasst, so dass wir das Leben verpassen und gar nicht merken, wie es uns durch die Hände rinnt? Kann es sein, dass wir **uns** verpassen?

Machen wir uns so schnell wie möglich klar: Wie sehr wir uns auch anstrengen, wir werden es nie schaffen, allen Ansprüchen gerecht zu werden. Es ist unmöglich. Nicht weil wir unmöglich sind, sondern weil wir in einer Welt leben, in der die Ansprüche in allen Lebensbereichen explodiert sind. Deshalb müssen wir unsere Wahrnehmung und unser Wertesystem ändern. Wir müssen damit beginnen, unsere Umwelt auf eine andere Weise zu betrachten. Wir sehen und bekommen, was wir erwarten. Um

beim Schokolade-Essen zu bleiben: Wenn wir ein Stück Schokolade essen, erwarten wir Spaß, und wir bekommen ihn. Wenn wir uns ständig davor fürchten, dass uns der Schokoladegenuss dick macht, bleibt uns Sorge statt Genuss.
Wenn wir das Ganze aufs Geld beziehen: Gönnen Sie sich selbst, gut zu leben! Was immer Sie bezahlen können, können Sie sich leisten! Das bedeutet, Sie können ruhig das, was Sie haben, umverteilen: Das Auto verkaufen, um die Weltreise zu erleben. Den Zweitfernseher verkaufen, um eine Ausbildung zu bezahlen. Oder einfach neue Kleidung erwerben, indem wir bereits vorhandene dafür weggeben. Großzügig zu sich zu sein, sich seine wahren Wünsche zu erfüllen, das ist eine Grundeinstellung, egal ob beim Essen, beim Kauf einer teuren Tasche, dem Karriereplan oder dem Führen eines guten Lebens. Wir haben es nur (noch) nicht gelernt, so zu denken und zu handeln – und deshalb bislang wenig positive Erfahrung damit sammeln können. Ich möchte natürlich nicht dazu einladen, sinnlos zu prassen und Erschaffenes gedankenlos zum Fenster hinauszuwerfen. Sondern ein Bewusstsein für Ihre Möglichkeiten zu entwickeln und diese zu leben.

Warum Schokolade ein wunderbarer Trostspender ist

Schokolade weckt in uns Erinnerungen an die Muttermilch: Fettgehalt, Milch, Zucker und Vanillenote sorgen dafür. Dazu kommt, dass Schokolade eine sehr hohe Energiedichte hat. Solche Lebensmittel mag unser Körper automatisch, weil sie einst das Überleben begünstigten: Wer über viel Energie verfügte, hatte beste Chancen.

Das Lustprinzip setzt sich durch

Auch wenn unser übergroßes Pflichtgefühl oft erfolgreich gegen uns arbeitet: Glücklicherweise gewinnt im Alltag dann doch auch immer wieder der Spaß. Lassen Sie uns einmal genauer hinschauen, an welchen Stellen wir uns das Lustprinzip im Leben erlauben: Im Urlaub, zu Weihnachten oder zum Geburtstag beispielsweise. Da soll und darf es besonders sein, da wollen wir es »schön« haben, da schweigen die inneren Kritiker für kurze Zeit. Und beim Schokolade-Essen funktioniert es auf jeden Fall insofern, dass wir immerhin meist das essen, was wir mögen. Niemand nascht schließlich etwas, was er gar nicht mag. Kurz: Ab und an herrscht das Lustprinzip durchaus in unserem Leben. Was halten Sie deshalb davon, Verbote und sinnlose Regeln insgesamt hinter sich zu lassen? Raus aus der Angst, etwas falsch zu machen, aus der Angst vor Schokolade und einem guten Leben.

Machen Sie dafür gleich einmal einen »Kassensturz«: Haben Sie das Leben, die Beziehung, die Figur, die Zufriedenheit, die Sie sich wünschen? Wenn ja, dann weiter so! Sie leben genau, wie es zu Ihnen passt. Ich bin mir ganz sicher, dass Sie sich schon viel Gutes tun. Wenn nein: Denken Sie neu. Machen Sie bitte etwas anders. Denn nur, wenn Sie in Ihrem Denken und Tun etwas verändern, können Sie etwas anderes als bisher erreichen.

Das neue Lebensmotto heißt Genuss

Der Gesundheitsminister müsste längst warnen: Negative Emotionen können tödlich sein. Denn während wir beim Rauchen wissen, dass es uns fünf bis sieben Lebensjahre kosten kann, hat sich bisher kaum herumgesprochen, dass Optimisten neun Jahre länger leben. Die Psychologen Tom Rath und Donald O. Clifton plädieren deshalb für drei einfache mentale Genussmittel: negative Interaktionen vermeiden, gute Gedanken denken sowie gute Energie geben und nehmen.[4] Mir gefällt an ihrem Ansatz besonders, dass wir uns im Alltag im Umgang mit uns und anderen

immer wieder die Frage stellen sollten: Betanke ich mich oder den anderen gerade mit etwas Gutem? In der Realität schütten wir leider viel häufiger Negatives aus oder stehlen uns und anderen gute Energie.

Wichtig dabei ist Zeit. Denn der Genuss von Schokolade oder anderem Essen braucht Zeit und Raum, Rituale und Training. Genauso ist es in anderen Bereichen. Vielleicht müssen Sie erst einmal umlernen, um **raus** aus der Anstrengung und **rein** in das gute Leben zu kommen. Das haben Sie doch schon des Öfteren geschafft. Vor Jahren habe ich gerade von Frauen gehört, dass sie sich nicht vorstellen können, wie das gehen soll, dunkle Schokolade zu mögen. Doch dann haben sie sich herangewagt, geübt, die richtige gesucht, neue Gewohnheiten entwickelt und es hat funktioniert. Viele Menschen essen heute eher dunkle Schokolade als helle, weil sie wissen, dass diese figurfreundlicher ist und auch der Sättigungseffekt länger vorhält (mehr dazu auf Seite 151).

Kostprobe gefällig?

Stärken Sie Ihre Genusskompetenz, indem Sie sich mit dem, was Sie interessiert, befassen. Das ist bei Schokolade natürlich besonders einfach. Also auf zu einer kleinen Verkostung: Sie benötigen einen Ort ohne Ablenkung, ohne störende Geräusche oder Gerüche. Einen Platz, an dem Sie sich ganz auf den Genuss konzentrieren können.

Nehmen Sie sich Zeit, um mit allen Sinnen zu testen. Achten Sie auf die Farbe der Schokolade, sehen Sie, wie glatt und eben sie ist, gleichzeitig zartschmelzend ... hören Sie das Knacken, riechen Sie den Duft von Kakao, schmecken Sie die Besonderheiten der Bohnen.

Lassen Sie ein Stück auf der Zunge schmelzen, statt die Schokolade zu kauen. Lutschen Sie. Schließen Sie die Augen, um sich besser zu konzentrieren und den andere Sinnen den Vorrang zu geben. Wie beim Wein gibt es einen »Abgang«, die Geschmacksempfindung im Moment des Schluckens. Wie fühlt sich das an?

Achten Sie darauf, dass die Schokolade Zimmertemperatur hat, damit sich das Aroma entfaltet.

Vergleichen Sie verschiedene Kakaosorten, Kakaogehalt, Anbaugebiete, Herstellungsarten und wählen Sie Ihre Lieblinge.

Entscheiden Sie sich für die richtige Seite des Lebens

Entrümpeln Sie sich und Ihre Umgebung von Dingen oder Gedanken, die Sie von einem genussvollen, guten Leben abhalten. Bei Lebensmitteln machen wir das ganz selbstverständlich. Wir prüfen die Verfallsdaten, riechen daran und werfen weg, was uns eventuell schaden könnte. Schokolade, die ranzig ist, würden Sie doch nicht mehr essen. Prüfen Sie im Alltag genauso, was Sie denken, was Sie tun oder lassen – und ob Ihnen das nützt. Entmüllen, ja entgiften Sie Ihr Herz und Ihren Kopf von überholten Regeln, falschen Erwartungen, schlechten Meinungen über sich und andere, Vorurteilen, Hass, Wut und allem, was nicht mehr passt. Erst wenn wir Altes ausräumen, haben wir Platz für Neues – im Kopf wie in der Schublade.

Naschen, denken und leben Sie ab sofort nur noch das, was Sie auch wirklich schmecken und erleben wollen. So wie Sie keine Schokolade kaufen, die Sie nicht essen werden, brauchen Sie auch nichts zu denken, womit Sie nichts zu tun haben wollen.

Was bislang war, können Sie nicht mehr ändern. Aber das, was kommt, schon. Die Schokoladenseite des Lebens darf ab sofort Ihr bevorzugter Aufenthaltsort werden. Dieser Grundsatzentscheidung folgen hunderte von täglichen Entscheidungen. Selbst wenn ein Tag nicht so gut war – der nächste wird es ganz bestimmt. Falls sich dennoch die bekannten Bedenkenträger namens »aber«, »Zweifel« oder »Problem« melden, möchte ich an dieser Stelle die Gelegenheit nutzen, Ihnen einige Tricks im Umgang mit den Genusshemmern zu zeigen. Es gibt sehr viele Techniken, die dabei helfen, aus negativem Denken, Gedankenkreisen oder Grübeln herauszukommen. Da wir im Alltag, und vor allem in Problemsituationen, oft wenig Zeit haben, stelle ich an dieser Stelle einige Ideen auf das Wesentliche reduziert vor, damit Sie diese spätestens beim nächsten Anfall von schlechtem Schokogewissen bei der Hand haben.

Kleine Helfer: gegen Stimmungskiller

1 Limitieren Sie negative Gedanken

Manchmal ist ein Moment im Leben einfach unangenehm. Um das besser auszuhalten, hilft es schon, sich ein Zeitlimit für die Beschäftigung damit zu setzen, statt sich in endlosen negativen Gedanken zu verlieren.

2 Überprüfen Sie die Realität

Schauen Sie immer wieder genau hin, sammeln Sie Fakten, statt zu spekulieren. Was sind wirklich Tatsachen und wo gehen Ihre Fantasie, Vorurteile und Bewertungen mit Ihnen durch?

3 Ist das wahr? Ist das wirklich wahr?

Dies ist sind zwei Zauberfragen, die ganz schnell dazu führen, die eigene Sicht als solche zu verstehen. Denn das Schlimmste ist meist nicht die Realität, sondern das, was unser Gehirn daraus macht.

4 Denke ich konstruktiv oder destruktiv?

Diese Frage führt dazu, dass Sie innehalten und den Teufelskreis wahrnehmen, in dem Sie eventuell sitzen. Alles was be- und abwertet, Angst macht, etwas Negatives wiederholt, das längst zur Vergangenheit gehört, ist kontraproduktiv. Denken Sie lieber über Lösungen und Lerneffekte nach.

5 Was ist jetzt?

Diese Frage hilft Ihnen, aus der Vergangenheit oder Zukunft zurück in den Augenblick zu kommen. Denn da sind wir meist satt und gesund, haben ein Dach über dem Kopf … während im Geist die Hölle los ist. Zählen Sie auf, was jetzt gerade alles real da ist: das Bett, Ihre Gesundheit, Ihr Job, Ihre familiäre Situation … Kommen Sie auf diese Art zurück in die Realität.

6 Lenken Sie sich (sinnvoll) ab

Sie können schlecht zwei Dinge genau gleichzeitig denken. Haben Sie also immer ein schönes Thema parat, wie etwa die Gedanken an einen vergangenen oder den nächsten Urlaub, Überlegungen, wie Sie Ihre Garderobe neu kombinieren können oder welches Essen Sie an Ihrem Geburtstag genießen wollen. Eine ebenso wirksame Schlechte-Gedanken-Bremse ist jede Art von geistiger Konzentration, etwa beim Kreuzworträtsellösen, Briefeschreiben oder bei Sudokurätseleien.

7 Ich denke

Fügen Sie in alle Ihre Gedanken ein »ich denke« ein. Also »Ich denke, ich werde meine Arbeit verlieren. Ich denke, das wird schrecklich, ich denke, was werden meine Eltern sagen. Ich denke, ich kann die Raten fürs Haus nicht mehr bezahlen ...«. Dies ist eine etwas anspruchsvollere Meditationstechnik, die sofort Abstand und Ruhe bringt.

8 Ich bin dankbar

Schreiben Sie Listen mit Gedanken, wofür Sie dankbar sind. Fangen Sie ganz, ganz klein an. Also vergessen Sie nicht die leckere Schokolade, die Sie heute gegessen haben. Ihre schöne Wohnung oder Ihre schicke Kleidung, einen gesunden Magen, gute Ohren oder kräftige Zähne. Ihre Stimmung wird sich verbessern.

»DAS ERSTE ERFOLGSPRINZIP LAUTET: ICH ERLAUBE MIR EIN IN JEDER HINSICHT GROSSARTIGES LEBEN. SO WIE ICH ES BEREITS (ODER HOFFENTLICH BALD) AUCH MIT SCHOKOLADE TUE.«

Sie sind dran

Treffen Sie eine Entscheidung!

Sagen Sie Ja zu dieser neuen Lebenseinstellung? Dann schließen Sie jetzt einen Vertrag mit sich selbst:

Ich erlaube mir, von nun an auf der Schokoladenseite des Lebens zu leben und gut für mich zu sorgen.

....

Datum   Unterschrift

Verhalten Sie sich neu:

Schreiben Sie vier Dinge auf, die für Sie persönlich die Schokoladenseiten ausmachen, zum Beispiel: »ich behalte immer gute Laune« oder »ich verwöhne mich regelmäßig« oder »ich nehme Unterstützung an«. Weitere Ideen dazu finden Sie auch ab Seite 41.

....

....

....

Ihre neuen Erfahrungen mit Ihrer Entscheidung:

....

....

....

....

....

Die psychologischen Grundlagen für die ERLAUBNIS zum guten Leben

Wenn Genuss in den Mittelpunkt Ihres Lebenskonzeptes rückt, haben alle etwas davon. Denken Sie nur einmal an den Unterschied in Ihrem Befinden, wenn Sie abends nach einem anstrengenden Arbeitstag nach Hause kommen oder nach einem freien Tag, an dem Sie bummeln waren, Freunde getroffen haben oder eine Massage hatten. Wie verläuft der Abend? Wie reagieren Sie auf unaufgeräumte Kinderzimmer oder laute Musik? Wie sprechen Sie mit Ihrer Familie? Wie schauen Sie? Wie viel Geduld haben Sie, wenn etwas nicht klappt? Wie viel und was essen Sie? Wie lustvoll schreiten Sie ins Schlafzimmer?

Diese Alltagserfahrung kann biologisch, psychologisch und chemisch begründet werden. Haben wir negativen Stress, überschwemmen uns Stresshormone, die Heißhunger und schlechte Laune machen. Anstrengung und Disziplin lassen uns dünnhäutig werden. Die typischen »Kontrollverluste« geschehen deshalb meist abends.

Aber was bedeutet das nun? Dass wir unangenehme Gefühle möglichst konsequent unterdrücken und immer schön lächeln sollen? Keineswegs! Denn unreflektiertes »positives Denken um jeden Preis« hat Nachteile: »Sei nicht so pessimistisch, denk doch mal positiv!« Sie haben dies oder Ähnliches bestimmt schon einmal gehört. Vielleicht gerade dann, wenn Sie verärgert, verletzt oder enttäuscht waren und solch einen Kommentar gar nicht gebrauchen konnten?

Viele Ratgeber lehren uns, zu lächeln, optimistisch zu sein, in Krankheiten Chancen und in Krisen Lernmöglichkeiten zu sehen. Das ist gut so. Aber das ist manchmal auch gefährlich, weil unangenehme Gefühle nicht mehr wahrgenommen, sondern verdrängt werden. Dann redet man sich Probleme schön und zwingt sich, anders zu sein, als man ist. Dies kann unzufrieden, ja sogar krank machen.

Das wichtigste Werkzeug des so genannten Positiven Denkens, einer Art Lebensphilosophie, ist die Autosuggestion. Diese wurde schon zu Zeiten des Ersten Weltkriegs von dem französischen Apotheker Émile Coué entwickelt. Er hatte die Macht der Gedanken erkannt und eine Selbsthilfe-Methode entwickelt, die sinnvoll zur Überwindung von Problemen und Symptomen eingesetzt werden kann. Er ging davon aus, dass Gedanken und Vorstellungen steuerbar sind. Später entstand aus dieser großartigen Idee leider auch eine Art unerfüllbarer Anspruch auf Dauerglück.
Das ist in dieser Absolutheit deshalb schwierig, weil Angst oder Zweifel für uns auch wichtige Schutzfunktionen haben. Sie weisen uns darauf hin, dass etwas in einer Situation nicht stimmig ist. Sie einfach zu ignorieren kann deshalb zu falschen Entscheidungen führen. Das monotone Wiederholen von Formeln, Affirmationen genannt, die nicht zu uns passen oder unseren Erfahrungen widersprechen, bringt deshalb absolut nichts. Es kann sogar schaden, weil sich das Unbehagen bei jemandem, der sich einredet, »liebenswert« oder »attraktiv« zu sein und es nicht glaubt, eher noch erhöht. Darum ist es wichtig, solche Methoden sehr bewusst und achtsam einzusetzen.

Wie der Perspektivwechsel zur Schokoladenseite gelingt

Ein wichtiger Aspekt in der Positiven Psychologie ist es, den Bezug zur Realität zu halten und eine Situation von allen Seiten zu betrachten. Ein Beispiel: Eine schwere Krankheit macht Angst und ist schrecklich. Und sie ist gleichzeitig eine Chance, etwas im Leben zu verändern. Jede schlimme Situation hat positive Aspekte und sei es nur der, dass sie vorbeigeht. Und jede angenehme Situation hat auch potentiell negative Seiten, beispielsweise dass man nicht sehen will, welchen Preis man für bestimmte Vorteile zahlt.

Ich empfehle daher gern, jede Situation aus verschiedenen Perspektiven zu betrachten, hinzusehen, wie es gerade ist, und optimistisch das Beste draus zu machen. Das kann letztendlich auch zu der Entscheidung führen, dass man sich nicht länger mit einem Problem befasst, weil man sowieso keinen Einfluss darauf hat und das ständige Grübeln lediglich die Kraft wegnimmt, die man für den gegenwärtigen Augenblick braucht. Wenn man jedoch Einfluss auf eine Sache hat, kann genaues Hinsehen auch bedeuten, nach einer Lösung zu suchen oder zumindest die negativen **und** die positiven Aspekte zu sehen.

Dazu gehört etwas Übung, denn unser Gehirn fokussiert sich am liebsten auf Negatives. Beobachten Sie doch einmal, worüber Sie beim Abendessen sprechen. Sind es die vielen schönen Dinge des Tages, die Ihnen begegnet sind? Oder die negativen Dinge, die Sie von Kollegen, Nachbarn oder im Fernsehen gehört und gesehen haben? Erinnern Sie sich an die vielen Kunden, mit denen Sie angenehm zusammenarbeiten, oder an den einen, der sich beschwert hat?

Es gibt für dieses Phänomen in der Psychologie den Begriff »das katastrophische Gehirn«. Es besagt im Prinzip folgendes: Für unsere Vorfahren war es überlebenswichtig, sich die gefährlichen Tiere, giftigen Pflanzen und Fallen anderer Menschenhorden zu merken. Auch heute ist es wichtig, den Autofahrer zu sehen, der einem die Vorfahrt nimmt, oder sich zu merken, dass man sich an einer heißen Herdplatte schmerzhaft die Finger verbrennt. Die Verhältnismäßigkeit zwischen der Wahrnehmung des Negativen und dessen tatsächlicher Relevanz ist in unserem Leben heute jedoch oft nicht gegeben: Gutes übergehen oder vergessen wir schnell, Negatives wiederholen wir immerzu, machen es in Gedanken viel größer, als es in der Realität ist. Leider haben die negativen Gedanken und Emotionen viel mehr Kraft und Wirkung als die positiven. Doch auch hierfür gibt es Abhilfe, wir werden das gleich sehen.

Das Erbe unserer Vorfahren – und wie wir damit umgehen können

Wir alle haben mehr oder weniger große Angst vor dem Unbekannten. Ein Beispiel: Sie bekommen eine Schokoladensorte geschenkt, von der Sie noch nie gehört haben und die auch merkwürdig klingt, eine mit Käse und Basilikum. Was tun Sie? Testen Sie sie? Oder verschenken Sie die Schokolade weiter, weil gar zu merkwürdig? Viele würden sich für das Verschenken entscheiden. Warum?

Neues ist immer irgendwie unangenehm für das Gehirn und damit für Sie. Sie kennen sicher den Spruch »Was der Bauer nicht kennt, isst er nicht«. Damit beschrieben wird der so genannte Neulandinstinkt, ausgelöst durch die ältesten Gehirnanteile, die für das Überleben zuständig sind. Die Konfrontation mit Unbekanntem führt zu Unsicherheit und dem Wunsch nach Orientierung oder dem Verlassen einer Situation. In den Anfangszeiten des Menschen stellte schließlich alles Neue erst einmal das Überleben in Frage: Eine neue Pflanze zu essen, in eine neue Region zu wandern, so etwas konnte tödlich enden. Daher diese Angst. Angst jedoch macht uns handlungsunfähig.

Wenn wir uns sorgen, Angst haben oder uns ärgern, hat das Auswirkungen, weil direkt der Teil unseres Gehirns regiert, den man auch als Emotionshirn bezeichnet. Hier sind unsere Erfahrungen mit Bewertungen und damit einhergehenden Gefühlen gespeichert. Die Aufgabe dieses Hirnbereichs ist es, negative Gefühle zu vermeiden und positive anzustreben.

Älter als das Emotionshirn sind die Gehirnanteile, die sich als Reptilhirn oder Althirn zusammenfassen lassen. Hier geht es um Instinkte und das schlichte Überleben.

Das in der Entstehungsgeschichte jüngste ist das Denkhirn, was uns zum Menschen macht. Hier haben wir Zahlen, Sprache, analytische, vorausschauende und andere Fähigkeiten zur Verfügung. Es arbeitet jedoch immer langsamer als die älteren Geschwister

Apropos Instinkte

Instinkte sind angeboren. Verhalten, das Überleben fördert, Verhalten, das Instinkten gerecht wird, löst Glücksgefühl aus. Bei Instinktverletzungen springt das Schmerzzentrum an. Instinkte sind nicht verhandelbar oder »wegmachbar«. Man kann sich diese im eigenen Verhalten nur bewusst machen und für bessere Lösungen sorgen.

Im Glückscoaching kennen wir drei Kerninstinkte: Überlebensinstinkt, Herdeninstinkt, Vergnügungsinstinkt, außerdem Zusatzinstinkte wie den Neulandinstinkt. Natürlich gehört Essen zum Überleben, deshalb kann es uns so machtvoll rufen. Naschen wiederum ist von der Natur nicht vorgesehen, also eher ein Wunsch als eine Notwendigkeit.

und wird zum Teil, wenn wir uns in Gefahr glauben, von diesen abgeschaltet. Im Denkhirn liegen unsere Kapazitäten für kluge Entscheidungen und weitsichtige Lösungen. Bei Angst und Sorgen jedoch kommt es überhaupt nicht zum Zug, weil dann Emotions- und Althirn es »überstimmen«! Das bedeutet: Was Sie brauchen, sind Schmetterlinge im Bauch und Gedanken, die Ihre Augen glänzen lassen, denn Emotionen haben gegenüber der Vernunft immer Oberwasser. Ein einfaches Beispiel: Die Vernunft sagt, es gibt aus Gesundheits- oder Gewichtsgründen keine Schokolade, die emotionale Verfassung verlangt aber nach Trost oder Streicheleinheiten. Es ist klar, wer gewinnt.

Warum sich das Lustprinzip durchsetzen wird

Wenn wir lernen, realistisch und optimistisch zu sein und die vielen großartigen Dinge unseres Lebens wertzuschätzen, haben wir Energie für den Umgang mit dem Rest.

An dieser Stelle möchte ich Ihnen die Arbeit der Psychologin Professor Barbara L. Fredrickson[5] vorstellen, die es überzeugend versteht, Wissenschaft und Praxis der Positiven Psychologie zu verbinden. Sie geht davon aus, dass die Auswirkungen von negativen Gefühlen größer sind als die von positiven. Es ist daher für eine gute Gesundheit notwendig, immer wieder Positives in die »innere Waagschale« zu werfen. Dafür wurde sogar ein Maß ermittelt: Es heißt, ein negativer Moment im Alltag braucht drei positive zum Ausgleich.

Das ist ganz schön viel. Doch nicht nur auf der Ebene des Einzelnen gilt dies. Der Quotient trifft auch für Teams zu. Womit beschäftigt man sich, worüber wird gesprochen, wie viel wird gelacht und gefeiert? Mindestens 3:1 ist das Verhältnis bei langfristig erfolgreichen Teams. Sie ahnen es sicher schon: Auch in Ihrer Paarbeziehung dürfen Sie aktiv werden. Hier liegt der Quotient sogar bei 5:1! Drei bis fünf gute Erfahrungen braucht es also, um eine schlechte zuverlässig aufzuwiegen. Klingt das kompliziert? Vielleicht am Anfang, weil wir so unachtsam mit dem umgehen, was uns wichtig ist. Der Aufwand ist jedoch klein, wenn Sie sich einmal dafür entschieden haben. Denn es geht um die kleinen Gesten wie Lächeln, Tür aufhalten, Tee mitbringen, sich bedanken, loben, freundlich schauen … die nichts kosten und oft zurückkommen.

Als positive Gefühle, die uns besonders nützen, stehen beispielsweise zur Auswahl: Freude, Dankbarkeit, Heiterkeit, Interesse, Hoffnung, Stolz, Vergnügen, Inspiration, Ehrfurcht und Liebe. Ich zähle diese auf, weil uns die Vielfalt an Gefühlen abhandenkommt, je weniger wir uns damit befassen. Auch die folgenden Aspekte wirken sich positiv aus: von der Zukunft zu träumen,

kreativ zu sein, dankbar zu sein und dies auszudrücken, die Natur zu genießen und regelmäßiges Meditieren.
Emotionen lösen Handlungsimpulse aus, beispielsweise Furcht – zu flüchten, Zorn – anzugreifen. Der Umgang mit den Emotionen und das Verhältnis sind entscheidend, denn positive **und** negative Gefühle haben Berechtigung. Sie wirken in verschiedenen Zeitebenen. Negative Gefühle sind in konkreten Situationen überlebenswichtig, positive für langfristiges Lernen, Seinserweiterung, neue Perspektiven, neue Fähigkeiten.
Professor Fredrickson hat gemessen, dass beispielsweise die positive Haltung von Managern ansteckend auf Mitarbeiter wirkt. Das ist ganz sicher auch in anderen zwischenmenschlichen Beziehungen so. Positive Gefühle und Offenheit sind nicht nur ansteckend, sondern verstärken sich und so kommen wir in eine emotionale Aufwärtsspirale.[6]
Von Barbara Fredrickson stammt auch die Beobachtung, dass positive Emotionen zwischenmenschliche Kettenreaktionen auslösen. Wenn wir aus dem Vollen unserer guten Befindlichkeit schöpfen, loben, lächeln, Wertschätzung, Fürsorge und Liebe abgeben, wird das auch der Empfänger tun und immer so fort. Je mehr gute Bespiele wir geben, umso schneller wird sich die Schokoladenseite durchsetzen.

Die zehn leckersten Ideen für die Umsetzung: ERLAUBEN Sie sich mehr Genuss im Alltag

So weit, so gut. Auch wenn Sie jetzt überzeugt sind, wie wichtig die Grundhaltung zu einem Leben auf der Schokoladenseite ist, wird es Momente geben, in denen Alltag und Gewohnheit Sie einholen. Deshalb wird es jetzt noch konkreter: Auf den folgenden Seiten finden Sie Tipps dafür, wie Sie in Ihrem eigenen Alltag das Genusskonzept direkt umsetzen könnten. Dabei haben Sie immer eine Wahl. Sie können sich so verhalten, wie Sie es bisher wahrscheinlich gewohnt waren – oder anders.

Manchmal werden Kraft oder Mut vielleicht noch nicht reichen, einen großen Schritt zu gehen. Dann gehen Sie einen kleinen oder setzen Ihr altes Verhalten ein, liebäugeln aber schon mal mit anderen Varianten.

Und bitte denken Sie daran: Haben Sie ein gutes Gewissen bei allem, was Sie tun!

Ich gebe jedem Tag die Chance, der beste zu werden.

Wie ist es, wenn ...
... Sie mit Kopfschmerzen aufwachen und es draußen auch noch regnet?

Sie entscheiden:

Sie tun sich selbst leid, weil es Ihnen schlecht geht und Sie in Ihrer Region offensichtlich nur noch miese Sommer haben.

Oder:

Sie überlegen, was Ihnen zu besserer Laune verhelfen könnte: eine Tasse Kaffee im Bett, die Lieblingsbluse, tolle Musik? Sie erlauben sich unter allen Umständen Wohlbefinden.

Sie handeln:

Sie können sich die Decke über den Kopf ziehen und so spät wie möglich aufstehen – und einen großartigen Tag versäumen, der alles Mögliche für Sie bereit hält …

Oder:

Sie entscheiden sich für einen Kaffee im Bett und flotte Musik. Es wird Ihnen im Laufe des Tages immer besser gehen, weil Sie gut für sich und diesen Tag sorgen, und am Ende werden Sie besonders stolz sein, weil Sie aus einem schlechten Start so viel gemacht haben.

Das Leben ist so wunderschön und es kommt noch viel besser.

Wie ist es, wenn ...
... Sie morgens schon absehen können, dass dieser Tag so hektisch, problematisch, unerfreulich – kurz: einfach so schrecklich wie sein Vorgänger werden wird?

Sie entscheiden:

Sie sind überzeugt: Da müssen Sie eben durch, so ist das Leben und niemandem wird etwas geschenkt.

Oder:

Sie entscheiden sich dafür, zu sehen, dass Sie trotz einiger kleiner Probleme ein großartiges Leben haben. Dass Sie einen guten Tag verdient und deshalb zu erwarten haben.

Sie handeln:

Sie hoffen darauf, dass der Tag schnell vorbeigeht und halten sich an Ihren Routinen fest.

Oder:

Sie schreiben gleich einmal fünf Dinge auf, für die sich dieser Tag lohnt, welche Geschenke er für Sie bereit hält, was Ihnen Freude bereiten wird – und kommen in eine richtig gute Stimmung, die Sie die Probleme mit links erledigen lässt.

Ich lächle mich jeden Morgen im Spiegel an.

Wie ist es wenn ...
... Sie frühmorgens schon schlechte Laune haben, der Rockbund zwickt und Sie beim besten Willen Ihre Haare nicht zu einer ordentlichen Frisur bändigen können?

Sie entscheiden:

Dann ist es eben so. Niemand kann immer gut drauf sein und die anderen sollen Sie heute bloß in Ruhe lassen. Am besten sagen Sie das gleich, wenn Sie aus dem Bad kommen.

Oder:

Sie wissen, dass schlechte Laune vor allem Ihnen selbst schadet, weil Sie sich dann den Tag verderben und Sie doch so viel Schönes vorhaben.

Sie handeln:

Ihre Mimik und Gestik sprechen Bände: Alle springen Ihnen aus dem Weg, Ihre Botschaft ist angekommen.

Oder:

Sie lächeln sich wie jeden Tag im Spiegel aufmunternd zu, haben einen Satz parat wie »Ich mag mich« oder »Heute geschieht etwas ganz Schönes« und tragen Ihr Lächeln durch den Tag.

Ich gestatte nichts und niemandem, mir meine gute Laune zu verderben.

Wie ist es, wenn …
… Sie völlig unerwartet von Ihrem Partner, Kollegen oder Kunden angegriffen werden, für etwas, mit dem Sie gar nichts zu tun haben?

Sie entscheiden:

Wahrheit ist das oberste Gebot. Auch wenn es allen die Stimmung verdirbt, eine deutliche Klarstellung ist wichtig. Das lassen Sie nicht auf sich sitzen.

Oder:

Sie wissen, dass Sie mit sich im Reinen sind und der Vorwurf ungerechtfertigt ist. Deshalb können Sie gelassen bleiben.

Ich habe Verständnis

Sie handeln:

Sie verteidigen sich, sind aufgeregt und verärgert über diese Ungerechtigkeit. Sie beherrschen sich natürlich, nicht laut zu werden oder zu weinen, aber innen sieht es ganz anders aus.

Oder:

Entspannt und freundlich klären Sie die Situation. Sie haben Verständnis, dass der andere sich aufregt, das kann ja jedem einmal passieren, hat aber mit Ihnen nichts zu tun. Sie lassen dem anderen Zeit, sich wieder zu beruhigen. Ihre Ruhe überträgt sich, und Sie finden bald gemeinsam eine gute Lösung.

Ich erliege immer mal einer Versuchung.

5

Wie ist es wenn …

… Sie entgegen aller guten Vorsätze gerade – schon wieder – eine Packung Eis, Pralinen oder Salznüsse verschlungen haben?

Sie entscheiden:

Sie gehen hart mit sich ins Gericht: Es muss doch wohl möglich sein, sich zu beherrschen. Sie hassen diesen Mangel an Selbstkontrolle und wissen schon, wie Sie dafür büßen werden.

Oder:

Sie lachen sich kaputt, dass es mal wieder so weit ist, und stellen fest, dass Sie wohl die falschen Vorsätze haben, wenn Sie diese immer wieder brechen.

Sie handeln:

Sie bestrafen sich mit totalem Süßigkeitenentzug und einer Extrarunde im Fitnessstudio. Wohl ahnend, dass Sie dafür bald wieder eine Belohnung brauchen …

Oder:

Sie fragen sich, was Ihnen wohl genauso gut wie Süßes (oder Salziges) tun würde, damit Sie nicht mehr so sehr davon abhängig sind, und freuen sich, dass Sie wenigstens eine gute Sorte Ihrer Lieblingsnascherei im Haus hatten, die die Sünde wert war.

Ich erfreue mich an Kleinigkeiten!

Wie ist es, wenn ...
... die Waage nach wochenlangem Kampf morgens das Falsche anzeigt und es somit keinen Grund für Genuss gibt?

Sie entscheiden:

Sie machen sich den ganzen Tag darüber Gedanken, warum Ihnen das passiert, was Sie wohl falsch gemacht haben – und dass Sie erst wieder Grund zur Freude haben, wenn endlich diese letzten zwei Kilo weg sind.

Oder:

Sie wissen, dass Sie auf einem längeren Weg sind und das große Ziel noch nicht erreicht ist, es aber erste Signale dafür gibt, dass sich Ihr Aufwand lohnt.

Sie handeln:

Sie verbieten sich auch das kleinste Stück Schokolade, hetzen verbissen über das Laufband, vermiesen anderen den Spaß am Essen und sind erst wieder ansprechbar, wenn Ihr Gewicht stimmt.

Oder:

Sie betrachten sich ruhig im Spiegel. Ihr Gesicht strahlt, die Haare glänzen. Sie schauen in Ihrem Tagebuch nach und vergleichen, an welchem Punkt Sie Ihr Abnehmprogramm angefangen hatten – und wie weit Sie schon gekommen sind! Sie überlegen dann bei einem guten Stück Schokolade, was Ihre nächsten Schritte zum Wunschgewicht sind.

7

Wenn mir das Leben die falsche Schokolade schenkt, mache ich eine leckere Soße daraus.

Wie ist es, wenn ...
... Ihnen zu Weihnachten Ihre Eltern oder Ihr Partner wieder etwas Praktisches schenken, obwohl Sie viele Hinweise auf etwas gegeben haben, was Ihnen gefällt?

Sie entscheiden:

Gibt es denn wirklich niemanden, der Ihre Wünsche ernst nimmt? Ist es nicht unfair, dass immer nur Sie es sind, die Listen führt, wer sich was wünscht? Die Festtage sind hin.

Oder:

Sie sind nach einer kurzen Enttäuschung wieder fit und überlegen schon mal, welchen guten Weg es geben könnte, doch noch zur Erfüllung Ihres Wunsches zu kommen.

Sie handeln:

Die Frage »warum« beschäftigt Sie bis nach Weihnachten und ließ sogar die Bratensoße anbrennen.

Oder:

Sie wissen, Sie können sich auch selbst Freude bereiten. Das Geschenk wird verkauft und mit einer kleinen Zusatzinvestition kommen Sie im Januar dazu, sich günstig Ihren Traum zu erfüllen.

Ich finde, glücklich zu sein ist wichtiger als Recht zu haben.

Wie ist es, wenn ...
... Sie Ihren Kindern, dem Partner, Kollegen schon so oft erklärt haben, wie etwas richtig zu erledigen ist und sie es immer wieder falsch machen, so dass am Ende das Ganze schiefgeht.

Sie entscheiden:

Sie haben es doch gewusst! Aber auf Sie hört ja niemand, alles muss man selbst machen. Es ist doch einfach zu ärgerlich, Sie haben es ja kommen sehen.

Oder:

Was machen wir denn nun? Der andere fühlt sich sicher schlecht, dass ihm der Fehler unterlaufen ist, das würde Ihnen ja auch so gehen. Mal sehen, ob schon eine Lösung gefunden wurde oder Sie helfen können.

Sie handeln:

»Da hatte ich mal wieder Recht« tönen Sie durch den Raum und lassen die anderen genau fühlen, was Sie denken. Sie feiern Ihren Triumph und machen klar, dass Sie mit der Panne nichts zu tun haben und »es« schon immer gesagt haben.

Oder:

Sie warten einfach mal ab, ob Ihre Hilfe gebraucht wird, und staunen, was den anderen einfällt, worauf Sie nie gekommen wären.

Ich liebe das Leben.

Wie ist es, wenn …
… Ihnen trotz Ihrer optimistischen Lebenseinstellung, Ihrer Arbeit an sich selbst und Ihrem Entwicklungsprozess in den letzten Jahren immer wieder alte Probleme begegnen?

Sie entscheiden:

Nun muss es doch mal genug sein. Was für ein Ärger, bei all dem Aufwand immer wieder zurückzufallen. Sie hadern mit sich und dem Leben. Ist doch eh alles sinnlos.

Oder:

Sie setzen die rosa Brille auf und suchen nach der anderen Seite der Medaille. Sie atmen durch und entscheiden sich fürs Weitermachen. Vielleicht ging es nicht auf diesem Weg, oder die Zeit war noch nicht reif?

Sie handeln:

Sie stornieren das nächste Seminar und ziehen sich erst mal zurück, um Ihre Wunden zu lecken. Manchmal wissen Sie nicht, ob Sie traurig, wütend oder verzweifelt sein sollen.

Oder:

Nachdem Sie ein bisschen geweint haben, weil auch Ihnen mal die Kraft ausgeht, überlegen Sie, was es alles Positives in Ihrem Leben gibt. Sie treffen die Entscheidung neu, dass das Leben auch mit Rückschlägen großartig ist und sich an Ihrer Einstellung, es aus vollem Herzen zu lieben, nichts ändern wird.

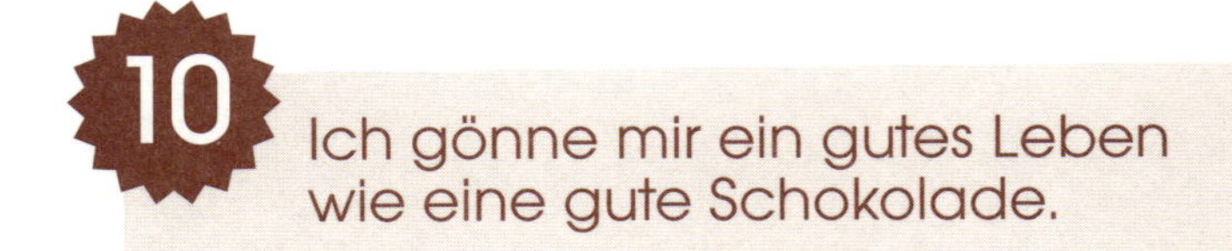

10 Ich gönne mir ein gutes Leben wie eine gute Schokolade.

Wie ist es, wenn …
… der Schokoladenappetit kommt und Sie die Wahl haben, hier an der Tankstelle eine große Tafel sofort, süß und preiswert mitzunehmen oder einen Umweg zu fahren, um Ihre hochwertige dunkle Lieblingssorte zu kaufen?

Sie entscheiden:

Ach, es muss auch mal schnell gehen und selbst wenn klar ist, dass Sie die Tafel rasch aufessen und sich dann ärgern – Sie tun es.

Oder:

Mal so, mal so. Meist fahren Sie weiter, weil Sie sich erlauben, gut für sich zu sorgen, und Genuss ohne Reue und einfach das Beste wollen – und freuen sich schon auf das, was kommt.

Sie handeln:

Hastig ist die Tafel schon im Auto aufgerissen, beim Fahren gegessen und zu Hause schon fast alle. Der Zuckerschock tut zuerst gut, die Nerven sind etwas beruhigt, aber dann kommt die Reue.

Oder:

Sie öffnen schon im Auto die Verpackung und freuen sich am Duft. Genüsslich gönnen Sie sich die ersten zwei, drei Stücke, bevor Sie losfahren. Zu Hause machen Sie es sich gemütlich und naschen weiter. Sie werden relativ schnell satt, weil Sie sich Zeit genommen und genossen haben.

Zutat Nr. 2:

Im Leben wie beim Schokolade-Essen: Genießen Sie das, was da IST

Ich sehe Sie nach der Erlaubnis zum guten Leben nun schon in den Startlöchern stehen und darauf brennen, loszulegen. Damit Sie ganz schnell ganz viel erreichen, brauchen Sie Zutat Nr. 2: Sehen, was **ist**. Es sind nämlich immer viel mehr Möglichkeiten da, als wir wahrnehmen. In diesem Kapitel wollen wir unseren Blick dafür schärfen.

Auf einen Blick

Darum geht es

Fokussieren Sie sich auf all das, was vorhanden ist: Menschen, Dinge, Möglichkeiten, Chancen ... Lernen Sie, diese wahrzunehmen, zufrieden und dankbar zu sein.

Erfreuen Sie sich an dem, was schon IST, was Sie sind und haben.

Die Schokoladenseite im Leben ist eine Frage der Definition und Wahrnehmung. Machen Sie sie vom Ziel zum Konzept – starten Sie den Glückskreislauf.

Das genussvolle Sein im Alltag

Eine positive Wahrnehmung braucht Training. Nichts ist zu selbstverständlich, um sich daran zu freuen. Und das Beste, was Sie schon haben, sind Sie selbst.

Die praktischen Grundlagen dafür, zu genießen, was tatsächlich da IST

Am Beispiel der Schokolade möchte ich Sie daran erinnern, in welcher Fülle wir hier und heute leben: Wo immer Sie hinsehen – überall gibt es Schokolade. Sie würden höchstens einmal einen kurzzeitigen Schokoladenmangel feststellen, weil Sie sich eine Diät verordnet haben oder weil Ihnen Ihre Familie alles weggenascht hat. Und verhält es sich nicht genauso mit Gesundheit, Liebe, Erfolg, der Wunschfigur oder Geld? Wir beklagen manches Mal, dass wir nicht genug von all dem oder nicht »das Richtige« hätten. Schließlich auch, dass wir nicht »richtig« sind. Doch haben wir nicht sehr viel und sind wir nicht genau »richtig« – nur manches Mal sehen und genießen wir das gar nicht?
Bei meiner Arbeit fällt mir immer wieder auf, wie oft wir darüber nachdenken, was wir uns alles vorgenommen haben, was wir verbessern wollen, womit wir unzufrieden sind. Es scheint viel einfacher für uns zu sein, sich damit zu beschäftigen als mit dem, was wir an guten Eigenschaften, Talenten, Fähigkeiten oder Erfolgen zu bieten haben. Das ist doch merkwürdig. Ich sehe die Ursache darin, dass wir in einer Gesellschaft leben, die sich am Defizit orientiert. Von klein auf sollen wir »nicht so laut sein«, für die Unterrichtsfächer üben, die uns schwerfallen, an unserer Disziplin arbeiten… Wer wächst schon mit dem Bewusstsein für die eigenen Stärken auf? Wer wird aufgrund dieser zu Spitzenleistungen ermuntert? Dabei ist aus dem Sport oder auch aus der Musik bekannt, dass die Entwicklung von Stärken zu großen Erfolgen führt und oft sogar scheinbare Schwächen kompensiert.
Doch wir achten häufig zu sehr auf das, was wir nicht haben und gern hätten oder haben sollten. Wir investieren in Trainier, Bücher, Seminare und Tabletten, um endlich, endlich, mit perfektem Körper, Partner oder Job zufrieden zu sein. Sind wir es jemals? In den seltensten Fällen. In meiner Praxis erlebe ich eher: je mehr Menschen investieren, umso unzufriedener werden

sie. Weil wir etwas anstreben und dies dann wieder und wieder nicht erreichen. Noch dazu lauert hinter jedem Ziel schon wieder das nächste – und wir jagen weiter.

Vom Schokoladengenuss lernen

Beim Schokolade-Essen würden wir kaum von Vanille träumen, während wir die Erdbeerschokolade im Mund haben. Im normalen Leben dagegen ist der Fokus stets im »Morgen«, im »Anders«. Dort, wo unser Geist uns verspricht, dass alles gut oder mindestens besser sein wird – wenn, wenn wir nur bestimmte Bedingungen erfüllen. In deren Erdenken sind wir sehr einfallsreich und werden dazu auch noch verführt. Doch jede Erfüllung, die an Bedingungen gebunden ist, wird nur kurzfristig sein. Dann kommt die nächste Bedingung, der nächste Mangel. Das klingt wie die allseits bekannte Gefahr beim Schokolade-Essen: das Gefühl, nie genug zu bekommen. Das Vorhandene wird schnell als selbstverständlich genommen, und wir brauchen mehr oder anderes. Ab Seite 61 erfahren Sie mehr über die psychologischen Mechanismen, die diesem Phänomen zugrunde liegen.

Unsere Wirtschaft lebt davon, uns Ideale und Bedürfnisse zu vermitteln, die unerreichbar sind. Wir laufen ihnen erstaunlich optimistisch hinterher. Immer schneller, immer mehr investierend und nie ankommend. Denn das uns vermittelte Ziel ist nicht Zufriedenheit, sondern anders sein – besser sein.

Haben Sie sich schon einmal gefragt, wer die Maßstäbe aufstellt, nach denen Sie sich bewerten? Sind es Ihre eigenen? Selten. Ganz anders beim Schokolade-Essen. Da können wir uns dem Genuss vollkommen hingeben, ohne darüber zu grübeln, ob diese Schokolade nicht doch dicker oder dunkler sein sollte, leichter zu beschaffen, preiswerter oder schicker verpackt … Wir mögen genau diese und davon lassen wir uns auch nicht abbringen.
Ein weiterer Aspekt, den wir versuchen könnten, auch auf unser Leben zu übertragen: Wir kämen nicht auf die Idee, von unserer Familie oder von unseren Kollegen zu erwarten, dass sie die beste Schokolade für uns bereit halten. Wir bauen da eher auf Selbstversorgung, und das zu Recht. Keiner kennt uns schließlich so gut wie wir selbst.
Und auch das, was bei Schokolade noch normal ist, nämlich Experimente zu machen und reichlich zu probieren und zu testen, bis wir im Schokohimmel ankommen, machen wir mit anderen Bedürfnissen kaum, und noch viel weniger kommunizieren wir diese. Das ist schade!
»Ich wünsche mir eine Tafel Orangenschokolade.«, »Ich wünsche mir einen Anruf von dir, bevor du losfährst.« Diese Wünsche sind nicht allzu unterschiedlich. Sie klar zu formulieren, kann uns schon das bringen, was wir uns wünschen und was wir brauchen.

Es ist immer genug Schokolade da

Es ist wirklich alles immer da. Das, was wir brauchen, und das, was wir wollen. Haben Sie schon einmal über Luft nachgedacht? Sie ist noch existenzieller notwendig als Essen oder Wasser. Ohne Luft sind wir nicht lebensfähig. Sie ist da. Immerzu, überall, in großen Mengen und vielen Qualitäten die wir sogar selbst mitbestimmen. Louise Hay empfiehlt, sich diese Tatsache einmal bewusst zu machen (siehe Literatur, Seite 204). Dass das Allernotwendigste zum Leben in Unmengen zur Verfügung steht, ohne dass wir dafür etwas leisten müssen. Darauf dürfen wir das Ver-

trauen bauen, dass es oft mit allen anderen Dingen in unserem Leben genauso ist. Wir müssen es nur wahrnehmen – und das tun wir leider häufig nicht. Oder haben Sie heute schon einmal gedacht »wie schön, dass ich so viel Luft zum Atmen kostenlos und unkompliziert zur Verfügung gestellt bekomme«?
Hinzu kommt, dass wir mit mentalen Filtern durch das Leben gehen. Unsere Erfahrungen, unsere Erwartungen und Gewohnheiten bestimmen, was wir überhaupt wahrnehmen. Wenn wir keine dunkle Schokolade mögen, werden wir hier auch nicht die tollsten Sorten sehen. Ebenso halten wir es mit uns selbst. Wir nehmen gar nicht wahr, was wir zu bieten haben, es ist zu selbstverständlich, zu wenig wert oder wir sind mit etwas anderem befasst. Nämlich so zu werden, wie wir sein könnten, sollten oder müssten. Dabei ist alles in uns angelegt. Unser Alltag, speziell unser Verhalten und unser Denken bestimmen, was wir von dem, was in uns ist, ausprägen.
Schauen wir noch einmal auf das Thema Fülle. Zeit ist immer da. Fast noch besser als bei Schokolade kommt sie unaufhörlich nach, wenn wir sie verbrauchen. Liebe zum Beispiel ist immer da, wir suchen vielleicht am falschen Ort und stellen Bedingungen an sie. Selten genug denken wir über unsere Liebe nach. Wir haben unendlich viel davon, meist ungenutzt, weil falsch bewertet. Selbstliebe ist verschüttet worden. Hier können wir jederzeit anfangen zu nehmen und zu geben. Das ist ein kostenloser Alleskönner, der auch noch Glück garantiert.

Bauen Sie auf Ihre Ressourcen und Reserven

Erwartungen sind manchmal hilfreich, oft machen sie aber unzufrieden. Gönnen wir uns in Bezug auf uns selbst die gleiche Großzügigkeit wie beim Genuss: Da teilen wir eine Tafel schön ein und haben einen Genussmoment nach dem anderen. Bei uns selbst wollen wir immer alles auf einmal, und das sofort. Das ist unrealistisch und macht uns sauer statt süß.

Von nun an dürfen Sie Ihre eigenen Möglichkeiten besser wahrnehmen lernen. Bei der Schokolade funktioniert es ganz unbewusst schon lange. Wo bekommen Sie Ihre Lieblingssorte her? Aus der Kaufhalle, von der Tankstelle, aus Schoko-Läden, aus einem Kaffeehaus… Was machen Sie, wenn Sie knapp bei Kasse sind? Sie können sich Schokolade als Geschenk wünschen, tauschen, bei der Kollegin mitnaschen… So einfallsreich, wie wir hier sind, können wir auch sonst sein und aus dem was da ist, das Beste für uns machen.
Seien Sie sich darüber im Klaren, worauf Sie bauen können. Sie haben ja auch immer eine kleine Reserve an Schokolade da. Einen kleinen Helfer eben. Ich bin mir sicher, Sie haben auch genügend lebende Reserven. Bauen Sie auf Ihre Freunde und seien Sie selbst Ihr bester Freund.
Dieser würde Sie vor allem darauf aufmerksam machen, wie erfolgreich Sie sind. Was ist Ihnen heute alles schon gelungen? Nichts? Sie haben keine großen Erfolge zu feiern? Wie wäre es dann mit kleinen, die Sie wohl gar nicht als solche sehen, etwa den folgenden:

- Sie sind aufgestanden, obwohl Sie vielleicht sehr müde waren.
- Sie sind unfallfrei zur Arbeit gekommen.
- Sie tragen etwas, was Ihnen gut steht.
- Sie haben den Kindern ein Schulbrot zubereitet.
- Sie haben Ihre Mutter zum Arzt gefahren.
- Sie haben die Zuarbeit zu einem Projekt beendet.

Die Schokoladenstrategie zu leben bedeutet, Ihre Potentiale zu sehen und erst einmal zu nutzen, die Schokoladenseiten an sich selbst und an Ihrem Leben zu finden und zu genießen.
Starten Sie mit dem Happy End. Sie sind schon da. Durch die Aufmerksamkeit und Dankbarkeit für Ihr Leben und sich selbst

vermehren Sie das, worauf Sie den Fokus richten. Eine völlig neue Ausgangssituation für Wünsche und Ziele. Es ist immer erfolgreicher und leichter, Vorhandenes zu vermehren, als aus Mangel und Unzufriedenheit Veränderungen anzustreben, wie Sie selbst bestimmt schon erfahren haben: An diesen Tagen, an denen Sie sehen und genießen, was Sie haben und was Sie sind. An Tagen, an denen kein »Könnte, würde« offen ist, wird es Ihnen richtig gut gehen.

Für die Wertschätzung von allem, was Sie haben und sind, gibt es einen perfekten Helfer, und das ist Dankbarkeit. Danke sagen wir viel zu selten zu anderen, noch weniger zu uns selbst. Dankbar zu sein ist fast verloren gegangen. Auf den folgenden zwei Seiten mache ich Ihnen einige Trainingsvorschläge, um dieses wunderschöne Gefühl häufiger zu erleben. Dabei habe ich mich an Forschungsergebnisse der Positiven Psychologie und die Arbeit von Rhonda Byrne angelehnt.[7]

Kleine Helfer: mehr Dankbarkeit

1 Erteilen Sie sich ein »Aber«-Verbot

Das Wörtchen »Aber« ist der Tod jedes Dankes, Komplimentes oder Lobes: »Ich bin dankbar für meine Gesundheit, **aber** mein Gewicht ärgert mich« wäre so ein Beispiel. Besser ist es, diese Aspekte bewusst zu trennen: dankbar ohne Wenn und Aber zu sein für das, was Ihnen gefällt – und über Verbesserungen ein anderes Mal nachzudenken.

2 Führen Sie ein Dankbarkeitstagebuch

Schreiben Sie jeden Abend drei Dinge auf, für die Sie an diesem Tag dankbar sind und warum. Tun Sie das über drei Monate hinweg und Ihr Wohlbefinden wird wachsen.

3 Überlegen Sie abends im Bett was das Beste ist, was heute geschehen ist

Sehen Sie die Szene vor sich, hören Sie, was gesagt wurde, erleben Sie sie noch einmal – und genießen Sie die guten Gefühle.

4 Essen Sie dankbar

Halten Sie für einen Moment vor dem Essen inne und genießen Sie die Dankbarkeit dafür, dass Sie Ihr Essen haben, dass es Ihnen schmecken und bekommen wird. Genießen Sie in Dankbarkeit, wenn Sie essen.

5 Bezahlen Sie dankbar Ihre Rechnungen

Erleben Sie bewusst, dass Sie eine ganze Menge wichtiger und schöner Leistungen in Anspruch nehmen, für die Sie gern bezahlen. Die Miete für Ihre gemütliche Wohnung, die Steuer für Ihr Auto, das Ihnen Mobilität schenkt, Friseur, Schulgeld, Kaffee oder Bücher. Seien Sie dankbar, dass Sie sich das leisten können. Sagen Sie danke.

6 Gehen Sie 100 Schritte der Dankbarkeit

Wählen Sie einen Moment aus, in dem Sie irgendwo entlang laufen. Sagen Sie 100 Schritte lang einfach so **Danke**.

7 Fühlen Sie Dankbarkeit

Wählen Sie ein Ereignis aus, für das Sie in Ihrem Leben besonders dankbar sind. Erinnern Sie sich genau an alle Details und fühlen Sie die Dankbarkeit in Ihrem Herzen. Lassen Sie sie in sich wachsen und durch Ihren ganzen Körper strömen.

8 Schreiben Sie einen Dankesbrief

Schreiben Sie einer Person, der Sie etwas zu verdanken haben, einen ausführlichen Brief. Beschreiben Sie genau, wofür Sie dankbar sind, was den Wert des Geschehenen ausmacht, was dadurch in Ihrem Leben passiert ist. Vereinbaren Sie dann einen Termin mit diesem Menschen und lesen Sie ihm den Brief vor.

9 Sagen Sie Danke zu anderen

Sagen Sie zehn Personen, die etwas für Sie tun, ganz aufmerksam Danke. Nichts ist selbstverständlich. Schauen Sie hin. Zum Busfahrer, der Sie zur Arbeit fährt, zum Koch in der Kantine, dem Schuster, der Lehrerin Ihrer Kinder, der Blumenverkäuferin, der Kollegin … Alle tun etwas, damit es Ihnen gut geht.

10 Sagen Sie Danke zu sich selbst

Sagen Sie Danke zu sich. Dafür, dass Sie sind, wie Sie sind. Suchen Sie sich etwas ganz Konkretes aus.

»DAS ZWEITE ERFOLGSPRINZIP LAUTET: SEHEN SIE DAS, WAS IST: MENSCHEN, DINGE, MÖGLICHKEITEN, CHANCEN – ALLES, WAS SIE SCHON HABEN UND SIND.«

Sie sind dran

Treffen Sie eine Entscheidung!

Sagen Sie Ja zu einem Leben in Dankbarkeit? Dann schließen Sie einen Vertrag mit sich selbst:

Ich verpflichte mich, von nun an dankbar zu sein für alles, was ich habe und bin, für die Geschenke meines Lebens.

....

Datum Unterschrift

Verhalten Sie sich neu:

Schreiben Sie drei Dinge auf, für die Sie dankbar sind, und eine kurze Begründung, warum. Zum Beispiel: Ich bin dankbar, dass meine Schwester mich heute angerufen hat, weil ich gern öfter mit ihr zu tun hätte.

....

....

....

Ihre neuen Erfahrungen mit Ihrer Entscheidung:

....

....

....

....

....

....

Die psychologischen Grundlagen dafür, sich an dem zu erfeuen, was schon IST

Unser Gehirn ist ein hoch entwickeltes Organ, das zu erstaunlichen Leistungen fähig ist. Seine Hauptarbeit ist übrigens die Regulierung des Überlebens, aller Organe und Systeme. Das Denken, das wir oft als wichtigste Aufgabe ansehen, ist ein netter Zusatznutzen. Die Art, wie wir das Gehirn benutzen, führt allerdings dazu, dass wir uns eher schaden als nützen. Denn wir sind viel zu oft nicht mit dem Lösen von Problemen, sondern mit dem Erschaffen von Problemen, Sorgen, Hindernissen, Grübeleien, Ärger oder Kummer befasst. Das hat Auswirkungen auf unser Wohlbefinden, denn wir fühlen uns so, wie wir denken.

Die Welt ist so, wie wir sie sehen

Die Psychologen Jia Wei Zhang und Ryan T. Howell haben am Department of Psychology der San Francisco State University etwas Sensationelles herausgefunden: Die Lebensumstände und Ereignisse unseres Lebens bestimmen nur zu zehn Prozent, wie wohl wir uns fühlen! Viel wichtiger ist deren subjektive, emotionale Bewertung. Sie bestimmt das Wohlbefinden zu 90 Prozent.[8] Damit werden frühere Studien bestätigt, die ebenfalls davon ausgingen, dass die Lebenszufriedenheit ein Ergebnis kognitiver Bewertungen ist.

Deutlich wurde auch, dass Menschen mit einem negativen Bild von ihrer Vergangenheit weniger zufrieden mit ihrem Leben waren als diejenigen, die ihre Vergangenheit positiv einschätzten. Der Einfluss des Vergangenheitsbildes war für das aktuelle Wohlgefühl sogar stärker als der Einfluss der Zukunftserwartungen. Es lohnt sich also, einen süßen Blick auf die Vergangenheit zu werfen, und das geht so: Denken Sie möglichst oft an vergangene gute Erfahrungen zurück und betrachten Sie schlechte Erfahrungen aus einer anderen Perspektive (was haben Sie daraus gelernt, was hat das langfristig genützt?).

Diese Forschungsergebnisse belegen, dass Wohlbefinden etwas ganz Subjektives ist. Jeder Mensch hat andere Erfahrungen, Erwartungen, Wünsche, Hoffnungen, Talente. Dazu zählt die Kunst, die vielen kleinen Chancen und Geschenke des Alltags – die jedes Leben hat – überhaupt wahrzunehmen und zu würdigen. Es geht also nicht darum, die Weltreise hinzubekommen, um ein glückliches Leben geführt zu haben. Viel entscheidender sind die vielen Kleinigkeiten, die glücklich machen: das leckere Frühstück am Dienstagmorgen bewusst zu genießen oder wieder einmal einen Freund anzurufen.

Optimismus ist sogar richtiggehend gesund! Wissenschaftler des Institutes für Sozial- und Präventivmedizin an der Universität Zürich haben über 30 Jahre hinweg fast 9000 Männer und Frauen untersucht und sie gefragt: »Wie schätzen Sie Ihre Gesundheit ein«? Sie wiesen nach, dass das Sterberisiko bei der Einschätzung von »sehr gut« über »gut«, »es geht« »schlecht« bis »sehr schlecht« kontinuierlich ansteigt. Männer, die »sehr schlecht« antworteten, hatten ein über 3,3-fach höheres Sterberisiko gegenüber gleichaltrigen Männern mit sehr guter Bewertung. Bei Frauen liegt der Faktor bei 1,9.[9] Das heißt, das Risiko nimmt von optimistischen zu pessimistischen Einschätzungen kontinuierlich zu. Denn schon Personen, die ihre Gesundheit als gut einschätzten, hatten weniger günstige Überlebenschancen als diejenigen, die ihre Gesundheit als sehr gut bewerteten. Wohlgemerkt: Es wurde die Selbsteinschätzung abgefragt, also die eigene Wahrnehmung. Der tatsächliche Gesundheitszustand, Rauchen oder Medikamente hatten keinen Einfluss auf die Bewertung!

Wahrscheinlich haben Menschen, die ihre Gesundheit als sehr gut einschätzen, auch Eigenschaften wie Optimismus oder Zufriedenheit, die wiederum eine Gesundheitsressource darstellen. Denn mit einer solch optimistischen Einstellung verhält man sich anders, als wenn man davon ausgeht, dass ja sowieso alles keinen Sinn macht. Denn – ich muss es gleich noch einmal sagen,

so bemerkenswert finde ich das – die tatsächlichen Krankheiten oder Einschränkungen spielen selbst keine so große Rolle wie deren Bewertung.
Wie hätten Sie in der beschriebenen Studie geantwortet? Und – falls Ihre Antwort nicht »sehr gut« gewesen wäre – was könnten Sie künftig dafür tun, eine neue Bewertungsbrille aufzusetzen? Es lohnt sich, darüber nachzudenken, denn Sie können einen positiven Kreislauf schaffen, indem Sie Ihre Gesundheit von ihrer besten Seite sehen. Selbst wenn Sie mehrere Krankheiten haben sollten, hilft es, den Blick auf das Positive zu lenken, indem Sie beispielsweise einfach einmal aufzählen, was alles an Ihrem Körper funktioniert. Dabei dürfte das Funktionierende sich klar in der Mehrheit befinden. Verpflichten Sie sich selbst dazu, den bestmöglichen gesundheitlichen Zustand so lange wie möglich zu erhalten und regelmäßig etwas dafür zu tun. Entscheiden Sie sich für die einzige Investition mit garantiertem Gewinn: die Investition in sich selbst.

So finden Sie das Glück

Wir haben festgestellt, dass das geflügelte Alltagswort, »Glück ist eine Frage der subjektiven Betrachtung«, nun auch wissenschaftlich nachgewiesen ist. Folglich muss die gleiche Lebenssituation von verschiedenen Menschen zwangsläufig verschieden – nämlich individuell – wahrgenommen und bewertet werden. Glück basiert nicht auf der Realität, wie sie ist, sondern darauf, wie wir diese Realität erleben. Deshalb sollte uns klar sein, dass niemand die gleiche Sicht auf die Welt hat wie wir. Wir Frauen sollten zum Beispiel aufhören zu hoffen, unsere Männer würden schon erahnen, was wir brauchen, was wir denken und fühlen. Wünsche müssen ausgesprochen sein, um erfüllt zu werden. Sagen Sie deshalb klar, was Sie wollen – und meinen Sie, was Sie sagen. Versteckte Hoffnungen leiten uns schnell fehl und geben anderen Menschen keine Chance, darauf zu reagieren.

Wann erwarten Sie, so richtig glücklich zu sein?

Der Psychologe Dr. Michael Fordyce hat diese Frage seinen Versuchspersonen in einer Studie gestellt.[10] Wenig überraschend wurde vorgeschlagenen Antworten zugestimmt wie »wenn ich mein Traumauto habe«, »wenn ich Kinder habe« oder »wenn ich Geschäftsführer meiner Firma bin«. Vielleicht haben Sie auch so etwas Ähnliches gedacht oder »wenn die Raten fürs Haus abbezahlt sind« oder »wenn ich eine glückliche Beziehung habe« ... Einige Teilnehmer an seiner Studie antworteten anders. Sie strichen die vorgeschlagenen Antworten durch und schrieben: »Ich bin glücklich.« Offenbar warten glückliche Menschen nicht darauf, irgendwann glücklich zu sein, sie sind es schon, und zwar unabhängig davon, was sie noch erreichen wollen. Sie drücken keine »Stopp-Taste« in ihrem Leben so lange, bis irgendetwas erreicht ist. Denn – wir wissen nicht, wann und ob es kommt. Und jeder Bedingung folgt eine neue. Denken Sie einmal an Ihre berufliche Laufbahn. Erst war es ein großes Vorhaben, eine gute Lehrstelle oder einen beliebten Studienplatz zu bekommen. Dann ging es darum, gute Abschlüsse zu machen, dann eine tolle Arbeit zu finden, dann sich zu etablieren, dann um einen guten lokalen Ruf, dann mit der Firma zu wachsen oder mehr zu verdienen.

Zum Thema Erwartungen gehört auch, dass wir uns damit unser Unglück selbst schaffen. Dr. Fordyce verweist auf Experimente, bei denen den Teilnehmern keine Bezahlung für die Teilnahme in Aussicht gestellt wurde. Später erfuhr die eine Gruppe, dass sie eventuell 25, die andere, dass sie 100 Dollar bekäme. Am Ende erhielten alle 50 Dollar. Sie ahnen, was geschah? Die Gruppe, die 25 Dollar erwartete, war mit den 50 Dollar ausgesprochen zufrieden, die andere enttäuscht – und das, obwohl alle die gleiche Summe erhielten.[11] Erleben wir das nicht immer wieder in unserem Alltag? Das Urlaubshotel ist nicht so toll wie erwartet, die Diät schlägt nicht so an wie erhofft, der potenzielle Kunde geht woanders hin. Es ist, als ob das Glück an uns vorbeiliefe. Dabei haben wir nur immerzu irgendwelche Erwartungen, wie das Leben sein müsste oder sollte.

Wie kommen wir aus diesem Mechanismus heraus? Im Buddhismus wird gelehrt, sich ganz auf die Gegenwart zu konzentrieren und sich gleichzeitig des Kommens und Gehens aller Dinge bewusst zu sein, ohne daran festzuhalten. Das ist sicher die hohe Schule des Lebens. Ein Zwischenschritt könnte sein, die Dinge so zu nehmen, wie sie sind, ohne damit zu hadern. Also mit dem Gedanken »es ist, wie es ist« das Beste aus dem Vorhandenen zu machen. Üben Sie das immer wieder im Alltag. Erwarten Sie keine bestimmten Geburtstagsgeschenke, wenn Sie nicht darum gebeten haben. Schauen Sie einfach mal, wie das Konzert wird, das Sie besuchen, statt es mit der letzten Konzerterfahrung zu vergleichen, und schrauben Sie Ihre Erwartungen an die Weihnachtsfeier nicht jedes Jahr höher.

Zu den gefährlichsten Erwartungen gehören die an andere, zum Beispiel die »Lieferung unseres Glücks«. Können Sie sich noch an die beliebte Kinderfrage »Hast du mir was mitgebracht?« erinnern? Es ist, als ob daraus ein lebenslanger Hunger entstanden ist. Niemand außer uns ist auf der Welt, um uns glücklich zu machen! Nicht unser Partner, nicht die Kinder, nicht die Kollegen oder der Chef. Solange Sie auf andere hoffen, gibt es kein stabiles Glück. Denn Sie hängen so von Situationen, Dingen und Menschen ab, die kommen und gehen. Statt Ihr Wohlbefinden

von Umständen und anderen Menschen abhängig zu machen, gilt es, auf Sicheres zu bauen: auf sich selbst. Sich selbst können Sie steuern, ändern, mögen. Mit sich selbst sollten Sie im Reinen sein und sich gut dabei fühlen.

Süße Emotion nützt mehr als harter Kampf

Ganz besonders wichtig für unseren Alltag ist, sich immer wieder klarzumachen, dass unsere Emotionen uns viel stärker regieren als Wille und Bewusstsein. Emotionale oder unbewusste Bewertungen sind viel schneller als die rationalen und steuern damit unser Tun als Erstes. Emotionshirn schlägt Ratio – Schmetterlinge im Bauch sind besser als Argumente und Statistiken. Die Art der Emotion beeinflusst schließlich auch unsere Kapazität, etwas zu tun. Angst und Sorge lähmen, während Glück und Freude Kraft geben. Wundern Sie sich also künftig weniger darüber, wenn Sie sich scheinbar unlogisch verhalten oder kluge Vorsätze brechen. Füttern Sie lieber Ihre Schmetterlinge im Bauch. Haben Sie Freude an dem, was Sie tun.
Markus und Gerhard Eggetsberger vom Institut für Leistungsmanagement Wien liefern die physiologischen Hintergründe dazu: Sie sagen, dass glückliche Umstände erkannt werden müssen und dies wiederum davon abhängt, wie wir uns fühlen. Die optimale Ausgangslage besteht, wenn der linke frontale Kortex ausreichend aktiviert ist und den rechten frontalen Hirnbereich dominiert. Dann verbinden wir die Stimme der Vernunft mit Kreativität. Je mehr die linke vordere Gehirnhälfte aktiviert ist, umso weniger lässt man sich täuschen. Wir sind dann nicht weniger emotional, sondern können mit den Emotionen besser umgehen. Übrigens ist die linke Seite bei Meditierenden und Optimisten stets aktiviert. Sind wir gestresst und ängstlich, zeigt sich hingegen eine starke Aktivität in der Schaltstelle der Emotionen, der Amygdala, was zu einer eingeschränkten Wahrnehmung und Risikoscheue führt.[12]

In verschiedenen Studien an mehreren Universitäten ging es um Wahrnehmungsfehler. Dabei fiel auf, dass einmal bestehende Urteile immer wieder bestätigt werden, statt sie infrage zu stellen. Alles, was wir wahrnehmen, wird mit unserer Meinung abgeglichen, und das, was nicht passt, blenden wir einfach aus. So kommt es zur so genannten Erwartungskongruenz (»ich habe es doch gewusst«), mit der wir uns gern rückblickend bestätigen. Die Wahrnehmung passt sich unseren Erwartungen an. Dabei sind uns diese Verzerrungen kaum bewusst, was sie umso gefährlicher macht. Wir glauben, die Realität sei so, wie wir sie sehen. Dem kann man abhelfen, indem man sich gezielt klarmacht, dass man sehr wahrscheinlich Vorurteile hat. Man kann diese dann gezielt überwinden, beispielsweise durch die Suche nach anderen Informationen.

Sie denken vielleicht, das sei leichter gesagt als getan? Mag sein. Heute. Wir haben uns von dem, was wir als »so ist das Leben« bezeichnen, prägen und beschränken lassen. Als wir Kinder waren, gab es doch niemanden, der nicht mindestens Indianerhäuptling, Pilot, Grand-Prix-Gewinnerin oder Prinzessin war oder werden wollte. Unsere damals vorhandenen Talente und guten Eigenschaften, zu denen auch das Vertrauen in uns selbst gehört, sind immer noch da. Vielleicht muss nur die Verpackung aus Vorurteilen und Ängsten entfernt werden, bevor wir uns selbst wieder mit allen Sinnen genießen können.

Glück, Wohlbefinden, die Schokoladenseiten des Lebens sind kein Ziel, sondern ein Zustand oder ein Konzept, mit dem wir durchs Leben gehen. Und wir können es trainieren, mit dem glücklich zu sein, was vorhanden ist. Das ist eine solche Fülle, wenn wir nur unsere Perspektive entsprechend erweitern. Offenbar sind glückliche Menschen deshalb auch erfolgreicher. Sie suchen nicht nur nicht nach Glück, sondern sind auch weniger versessen darauf, erfolgreich zu sein. Sie sind ja schon glücklich und erwarten nicht, dass sie es erst durch das Eintreten eines

Ereignisses werden. Das genau scheint das Zünglein an der Waage zu sein: Je weniger wir etwas unbedingt wollen, umso leichter kommt es, weil es sich zu dem schon Vorhandenen gesellt. Das wird oft als »Glückskreislauf« beschrieben. Erfolge sind dabei wie von selbst Sekundärgewinne.

Die Glücksforschung hat dazu faszinierende Daten geliefert und weist nach, dass dieser Weg auch der Weg zu mehr Erfolg in der Wirtschaft sein wird. Bislang wurde viel in die Steigerung der Produktivität von Menschen und Maschinen investiert mit dem Ziel, erfolgreicher zu sein und durch diesen Erfolg Glück zu erlangen. Für die Menschen, die Unternehmen, die Kunden. Das war zum Teil richtig. Gilt aber bald nicht mehr, weil immer weniger Menschen immer mehr tun müssen – und weil die Anstrengung nicht unendlich steigerbar ist. Außerdem wartet nach jedem erreichten Ziel schon das nächste, sodass die Glückswirkung gar nicht eintreten kann. Oder der Weg ist so mühsam, dass der Erfolg gar nicht zu genießen ist.

Die bessere Alternative heißt, in das Wohlergehen der Menschen zu investieren. Jeder kann bei sich anfangen. Denn wie gerade beschrieben sind glückliche Menschen produktiver – eben weil es ihnen gut geht. Und dann kommt der Erfolg geradezu von allein. Die Erfolgserlebnisse, wahrgenommen und genossen, verstärken dann das Wohlbefinden und der Glückskreislauf beginnt von vorn.

Die zehn leckersten Ideen für die Umsetzung: Das SEIN im Alltag genießen

Falls Sie sich nun fragen, wo Sie anfangen sollen: Hier kommt wieder eine Ideensammlung für Sie. Sie entdecken vielleicht Beispiele, die gerade nicht zu ändern sind. Bei anderen übernehmen Sie gleich die Idee, was zu tun ist. Oder Sie kombinieren meine Ideen mit Ihren Ideen. Wählen Sie aus, in welchen Situationen Sie gern eine Verhaltensänderung testen möchten!

Ich merke, wie gut es das Leben mit mir meint!

Wie ist es, wenn ...
... in schöner Regelmäßigkeit mehr vom Monat als vom Geld übrig ist?

Sie entscheiden:

Sie bedauern, dass Sie nicht einmal genug verdienen, um ein gutes Auskommen zu haben und sich mehr gönnen zu können.

Oder:

Sie denken mit Freude daran, wofür Sie Ihr Geld ausgegeben haben: Ihre schöne kleine Wohnung, Wein, Kosmetik, Blumen, das neue T-Shirt, Kinobesuche, Bücher, regelmäßiges Essen, Vitamine ...

Sie handeln:

Sie erzählen Ihrer besten Freundin beim nächsten gemeinsamen Prosecco, dass Sie nie auf einen grünen Zweig kommen werden.

Oder:

Sie erzählen Ihrer besten Freundin beim nächsten gemeinsamen Prosecco, dass Sie einen Haushaltsplan für Ihre Ausgaben gemacht haben und immer wieder staunen, was Sie aus Ihrem Geld so alles rausholen können.

2 Die Welt ist voller Schokolade.

Wie ist es, wenn ...
... Sie gern öfter etwas unternehmen würden, aber niemanden finden, der mitkommt?

Sie entscheiden:

Sie haben eben Pech, dass Sie nicht so viele Bekannte haben, aus denen Sie auswählen können. Und es ist ja auch schwer, als Erwachsener neue tragfähige Kontakte zu knüpfen.

Oder:

Sie überlegen, wie Sie es anders anstellen könnten. Das wäre ja gelacht: Auf der Welt gibt es Milliarden von Menschen, da werden wohl die richtigen zu finden sein.

Sie handeln:

Sie hoffen weiterhin, dass jemand mal merkt, worauf Sie Lust haben, und Sie einlädt. Höchstwahrscheinlich sagen Sie dann aber Nein, weil Sie niemandem zur Last fallen wollen.

Oder:

Sie machen eine Liste mit den Namen der Menschen, die Sie kennen, und denken dabei auch an entfernte Bekannte, Kollegen, Nachbarn oder Menschen, die Sie irgendwann einmal getroffen haben und die Ihnen sympathisch waren. Diese Menschen sprechen Sie ganz gezielt an, wenn wieder ein schönes Vorhaben ansteht, das Sie gern mit einem dieser Menschen erleben möchten.

Glück ist eine Frage der Bewertung und erfordert geistige Disziplin.

Wie ist es, wenn…
… die diesjährige Gehaltsrunde an Ihnen vorübergegangen ist, obwohl andere durchaus bedacht wurden?

Sie entscheiden:

Sie wussten ja, dass die Welt ungerecht ist, speziell gegenüber Frauen. Die Kanadareise können Sie vergessen, ebenso manch anderen Wunsch.

Oder:

Sie erinnern sich daran, dass Sie gerade ein Seminar auf Firmenkosten besucht haben, blättern durch Ihre Gehaltsabrechnungen, genießen, was für ein feines Einkommen Sie jetzt schon haben.

Sie handeln:

Sie streichen schon mal gedanklich hier und da und fühlen sich enttäuscht und benachteiligt. Sie fragen sich tagelang, warum Sie eigentlich ständig hintenanstehen.

Oder:

Sie überlegen kurz, ob es einen Grund für die Nullrunde gibt, den Sie wissen sollten, und fragen bei guter Gelegenheit nach. Dabei sprechen Sie auch gleich über künftige Entwicklungs- und damit Gehaltssteigerungsmöglichkeiten.

Ich mache das Beste aus dem, was ist.

Wie ist es, wenn …
… Sie schon länger Single sind und sich nach einem Partner sehnen, den Sie trotz aller Bemühungen nicht finden?

Sie entscheiden:

Der Frust wächst. Das Leben ist doch viel weniger lebenswert, wenn man es nicht teilen kann, wenn niemand auf einen wartet, wenn man sich abends nicht unterhalten kann, wenn keiner einen beschützt, verwöhnt, keine Pläne geschmiedet werden, ohne gemeinsames Kochen, Lieben, Lachen …

Oder:

Sie suchen weiter und machen es sich auch allein im Hier und Jetzt schon nett.

Sie handeln:

Sie reden lieber nicht mehr über Ihren Frust und Ihre Sehnsucht, denn Ihre Freunde können es schon nicht mehr hören, und Sie fühlen sich dadurch noch einsamer.

Oder:

Sie gehen mit Kollegen aus, nutzen die Freiheit, genau das zu tun, was Sie mit Partner kaum tun würden, holen alles nach, was in früheren Beziehungen nicht möglich war, ziehen genau das an, was Sie mögen, entwickeln genau die Hobbys, die Sie schätzen – ohne Zugeständnisse.

Ich bin einfach wunderbar!

Wie ist es, wenn …
… Sie kaum Anerkennung bekommen für das, was Sie leisten, und scheinbar keiner sieht, was in Ihnen steckt?

Sie entscheiden:

Sie haben schon immer zu hören bekommen, dass aus Ihnen doch nichts Gescheites wird, und waren noch nie gut genug. Vielleicht sollten Sie sich mehr anstrengen oder ein Coaching machen?

Oder:

Schade. Doch Sie wissen, was Sie wert sind, und brauchen vielleicht eine andere Umgebung, in der das mehr geschätzt wird? Sie haben eine liebevolle Beziehung zu sich selbst aufgebaut und pflegen diese gerade in schwierigen Situationen.

Sie handeln:

Sie organisieren Ihren Wochenplan so um, dass Sie mehr Überstunden machen können, auch wenn Sie das »eigentlich« nicht mehr wollten.

Oder:

Sie schauen sich regelmäßig Ihre Traum-Powerpoint-Datei an (siehe Seite 127), die Ihnen Freude bereitet, und schreiben bei Zweifeln an sich immer wieder Listen darüber, was Sie an sich mögen und schätzen und was Sie auszeichnet. Sie lesen die Überschrift auf dieser Seite jeden Morgen und fühlen sich wohl mit sich.

Ich befasse mich mit Problemen dann, wenn sie da sind.

Wie ist es, wenn ...
... Sie nächste Woche einen Termin beim Chef haben und nicht wissen, was er von Ihnen will?

Sie entscheiden:

Sie schlafen kaum noch, weil Sie Angst haben, etwas falsch gemacht zu haben. Sie grübeln, was wohl passiert sein könnte oder passieren wird. Es ist einfach zu ungewöhnlich, dass außer der Reihe ein Termin angesetzt wird.

Oder:

Sie sind kurz irritiert. Sie haben Spaß an dem, was Sie tun, und sind gut darin. Wenn sich etwas verändert oder etwas passiert ist, werden Sie es nächste Woche erfahren, also wozu jetzt Gedankenenergie verschwenden.

Sie handeln:

Sie versuchen, über Kollegen etwas in Erfahrung zu bringen, doch keiner weiß etwas, und langsam werden alle nervös.

Oder:

Sie konzentrieren sich auf Ihre Tagesaufgaben und sorgen dafür, dass es Ihnen zum Termin richtig gut geht.

Ich genieße das Erreichen eines Ziels.

Wie ist es, wenn ...
... die Umsatzziele, kaum dass sie nach einem anstrengenden Jahr geschafft sind, im nächsten schon wieder erhöht werden und Sie gar nicht wissen, wie Sie diese erreichen sollen?

Sie entscheiden:

Das kann ja wohl nicht wahr sein? Hört das nie auf? Was denken denn die Vorstände, wie Sie das machen sollen? Da sieht man mal, dass die da oben nie vor Ort sind!

Oder:

Eines nach dem anderen. Jetzt lassen Sie sich erst mal den Erfolg auf der Zunge zergehen. Wie haben Sie das gemacht? Was war Ihr Beitrag zum Gelingen? Am Anfang des letzten Jahres hätte doch keiner gedacht, dass so etwas möglich ist. Fantastisch, was in Ihnen steckt.

Sie handeln:

Sie setzen sich mit den Kollegen zusammen, die auch alle völlig entnervt und verzweifelt sind und beklagen, wie es in Ihrem Unternehmen läuft.

Oder:

Nach dem Feiern ist vor dem Feiern. Schritt für Schritt holen Sie mehr Informationen ein und sammeln um sich Gleichgesinnte, die auch die Ärmel hochkrempeln. Sie prüfen, welche Hilfe es von Seiten des Unternehmens gibt.

8 Ich schätze, was scheinbar selbstverständlich ist.

Wie ist es, wenn …
… das Leben gerade so dahinplätschert, nichts Schlechtes passiert, aber irgendwie auch nichts richtig Spannendes?

Sie entscheiden:

Sie langweilen sich und lesen mit etwas Neid die Frauenzeitschriften, in denen vom aufregenden Leben der anderen berichtet wird.

Oder:

Sie leben in dem Bewusstsein, was für ein Geschenk es ist, gesund zu sein. Sie nehmen alle Organe und Körpersysteme wahr und spüren, wie großartig es ist, dass alles von allein und zu Gunsten Ihres Wohlbefindens läuft. Unschätzbar.

Sie handeln:

Sie stacheln Ihren Partner oder Ihre Freundin an, endlich mal etwas Außergewöhnliches zu unternehmen.

Oder:

Sie starten jeden Morgen mit einem Dankbarkeitsritual und notieren, wie wertvoll Ihnen Ihre Gesundheit ist, und spüren, wie gut Sie sich dadurch fühlen dürfen.

Ich konzentriere mich auf das, was ich schmecke, nicht auf das, was ich schmecken könnte.

Wie ist es, wenn …
… Sie beim regelmäßigen Lottospielen »drei Richtige« haben?

Sie entscheiden:

Das könnte ja nun endlich mal besser laufen. Sie spielen schließlich, um mal den großen Wurf zu machen, nicht für solche Mini-Gewinne. Mist.

Oder:

Prima, eine kleine unerwartete Zusatzeinkunft und noch dazu steuerfrei. Sie schauen gleich, wie Sie das Beste daraus machen.

Sie handeln:

Das Geld geht irgendwie im Alltag unter – Sie hoffen auf mehr.

Oder:

Sie schenken dem kleinen Gewinn die ganze Aufmerksamkeit und feiern ihn richtig. So kann es weitergehen.

Ich gönne es mir, zufrieden zu sein.

Wie ist es, wenn ...
... Sie im Fernstudium eine Zusatzausbildung absolviert haben und den Abschluss »nur« mit 2,8 geschafft haben?

Sie entscheiden:

Sie sind enttäuscht. Wäre da nicht mehr drin gewesen? Was denken die anderen? Früher waren Sie doch auch besser und das Lernen ist Ihnen leichter gefallen.

Oder:

Sie atmen erst einmal durch. Was für eine Leistung, ein Fernstudium zu absolvieren! Sie denken an die vielen Stunden am Abend und am Wochenende, in denen Sie sich zum Lernen aufgerafft haben, während andere ihre Freizeit genießen konnten. Wäre ein besserer Abschluss möglich gewesen? Wer soll das sagen? Sie haben Ihr Bestes gegeben und damit ist das Ergebnis in Ordnung.

Sie handeln:

Sie erwähnen eher nebenbei, dass das Studium geschafft ist, und gehen Fragen nach dem Ergebnis lieber aus dem Weg.

Oder:

Sie laden Freunde und Familie zu einer Feier ein und überlegen sich eine Belohnung für sich selbst.

Zutat Nr. 3:

Lassen Sie sich Ihr Leben JETZT schmecken

Wie geht es Ihnen jetzt auf dem Weg zur Schokoladenseite? Halten Sie doch kurz einen Moment inne, bevor Sie weiterlesen. Denn dieses Leben im Jetzt, im viel zu kurzen Augenblick, wollen wir in diesem Kapitel thematisieren. Das Jetzt ist unser großer Helfer bei allem, was wir uns wünschen. Oft trauen wir uns nur nicht ran. Ich möchte Sie dazu ermutigen und Ihnen auch erklären, warum.

Auf einen Blick

Darum geht es

Fangen Sie gleich mit dem genussvollen Leben an. Dies ist eine Aufforderung, heute zu leben, was Sie sich für das Morgen wünschen. Zu tun, statt zu reden.

Fangen Sie JETZT mit dem genussvollen Leben an

Trainieren Sie das süße Denken täglich. Leben Sie im Moment und befassen Sie sich mit Problemen erst dann, wenn sie da sind. Starten Sie mit allem, was Sie sich wünschen, ohne Bedingungen.

Das genussvolle JETZT im Alltag

Jeder Tag ist eine neue Chance. So wie Sie heute denken, werden Sie morgen leben.

Die praktischen Grundlagen für den Genuss im Hier und Jetzt

Ein kurzer Blick zurück auf die einstimmende Geschichte in diesem Buch: *»Ich habe Lust auf Schokolade. Es ist kurz nach fünf Uhr nachmittags, ich habe schon viele Stunden am Computer gesessen und trotz Mittagessens kommt dieser kleine, doch hartnäckige Appetit. …«*
Hier hätte es auch so weitergehen können: Mir fällt ein, dass ich ja noch einen Rest Schokolade mit Orange dahabe, die ich geschenkt bekommen habe. Zwar ist das nicht meine Lieblingssorte, doch mein Grundbedürfnis nach Schokolade wäre erst einmal gestillt und ich hätte auch sofort etwas für mich getan.
Fällt Ihnen auch auf, dass Naschen immer **jetzt** stattfindet? Wir sagen nicht, wenn ich abgenommen habe, nasche ich wieder – wir haben ja keine Ahnung, wann das sein wird. Wir verschieben es nicht auf irgendwann. Erfreulicherweise gibt es offensichtlich wenigstens bei der Schokolade einen Selbstfürsorgemechanismus, der freiwilligen Entzug, Verbote und Verschieben beschränkt.
Eine andere süße Erkenntnis ist, dass wir beim Naschen **tun**, statt zu planen oder zu reden. Wir schreiben keine Listen, in welcher Reihenfolge wir unsere Schokoladennaschabsicht umsetzen. Wir erzählen nicht allen Freunden, dass wir vorhaben, Schokolade zu essen. Wir überlegen nicht endlos, was der beste Zeitpunkt, die beste Sorte, die beste Menge, kurzum das Optimum ist. Wir tun es. **Jetzt**. Könnten wir doch diese Klarheit, Souveränität und Einfachheit auf alle anderen Lebensbereiche übertragen!

Schaffen Sie sofort die Bedingungen für Genuss und Wohlbefinden

Wie oft verschieben wir wichtige Dinge in unserem Leben. Erst recht, wenn es »nur« um uns selbst geht: Wir streichen den Yoga-Kurs zugunsten der notwendiger erscheinenden Arbeit, wir werden die Briefmarkensammlung erst dann vom Dachboden holen, wenn die Kinder aus dem Haus sind, wir werden uns etwas Beson-

deres gönnen, wenn der Kredit abbezahlt ist… Woher nur nehmen wir diese Sicherheit, dass dies alles kommen wird? Wie viele Menschen sparen Jahrzehnte auf die Weltreise – und erleben diese dann nicht? Stattdessen hätten sie jedes Jahr eine kleine Reise machen und das Leben in der Gegenwart genießen können.
»Morgen« und »gestern« sind die beliebtesten Aufenthaltsräume für unser Gehirn. Was ist mit **jetzt**? Der kostbare Augenblick, der mit einem Wimpernschlag verflogen ist, wird so wenig geschätzt und so wenig genutzt. Wenn Sie einmal versuchen, eine Minute nicht zu denken, werden Sie fühlen, wie lang ein Minutenaugenblick sein kann. Was könnten wir daraus machen!
Wir messen so oft die Zeit, beim Teekochen, Backen, beim schnellen Schwimmen, bei Massagen. Wir bekommen sie überall angezeigt, damit wir sie nur nicht vergessen. Doch erinnert uns das an den Augenblick? Nein, nur daran, was alles noch zu erledigen ist. Erfreulicherweise vergessen wir beim Genießen wenigstens **manchmal**, was noch zu tun ist, dass wir der Zeit nachhetzen müssen … und genießen den Augenblick. Und je intensiver und selbstvergessener wir im **Jetzt** sind, umso größer ist der Genuss. Leider spielen uns selbst mit der schönsten Trüffelschokolade auf der Zunge unsere Gedanken ihre Streiche: Wir stecken das zweite Stück schon in den Mund, bevor wir das erste zu Ende gekaut haben. Wir überlegen, was wir noch erledigen müssen, oder grämen uns über ein Ereignis des Tages. So merken wir nicht, wie die Füllung schmeckt, ob wir Sahne pur oder Cognac schlucken. Wir merken auch nicht, wie viel wir essen und dass wir uns mit dieser Achtlosigkeit gerade den Ärger von morgen aufbauen.
Wir wischen Staub oder lesen Zeitung, während wir naschen. Wir versüßen uns die Abrechnungen und die Steuer mit etwas Leckerem, doch konzentrieren uns dabei weder auf das eine noch das andere. So kann es schnell geschehen, dass wir am Ende eines Tages glauben, heute hätten wir gar nichts Schönes erlebt. Wir merken es ja nicht.

Wir stellen uns die Schachtel Pralinen zum Kaffee auf den Tisch, statt eine auszuwählen und dadurch langsamer, aufmerksamer und genussvoller zu naschen.
Vielleicht hätte ich in meinem Beispiel am Anfang des Buches wirklich keine Zeit gehabt, um in ein Geschäft zu gehen und mir dann auch noch einen Tee zu kochen. Das wäre nicht so schlimm gewesen – denn ich hätte dann eben einfach das getan, was umsetzbar gewesen wäre. Um im **Jetzt** zu leben, müssen es nicht immer hundert Prozent des Möglichen sein. Das Schöne an Schokolade ist, dass oft zunächst ein kleineres Stück als gedacht oder eine andere Sorte schon für unser Wohlbefinden ausreichen. Wenn wir uns bewusst dafür entscheiden und es sofort tun, funktioniert das wunderbar.
Heute können wir in vielen kleinen Schritten beginnen, uns etwas Gutes zu tun und für unser Wohlbefinden zu sorgen. Ach ja, dass wir dabei öfter mal das Telefon auf den Anrufbeantworter umstellen und hin und wieder eine Handypause einlegen, versteht sich wohl von selbst: Mit vollem Schokomund reden wir ja auch nicht.

Greifen Sie heute munter nach dem süßen Leben

Die meisten Menschen verbringen viel Zeit mit dem Grübeln über vergangene Ereignisse oder mit der Sorge um die Zukunft. Ich möchte betonen, dass es mir nicht darum geht, negative Emotionen zu ignorieren. Es geht auch nicht darum, so zu tun, als ob wir glücklich sind, wenn wir gerade schlecht drauf sind. Sondern um die Balance zwischen Negativem und Positivem im Augenblick – und im gesamten Leben.
Wir können es trainieren, uns nicht von negativen Gedanken und damit einhergehenden Gefühlen gefangen nehmen zu lassen. Wir bestimmen ja, was wir denken und wie lange. Sobald Sie keine unangenehmen Gedanken mehr haben, werden Sie auch keine unangenehmen Gefühle mehr haben.

Aber was tun, wenn der Gedankenterror im Anmarsch ist? Oft hilft es, sich auf die Tatsachen im **Jetzt** zu konzentrieren. Was ist wirklich geschehen? Und was ist lediglich Ihre Interpretation oder Ihre Spekulation? Das Urlaubshotel umgibt ein Baugerüst, das den herrlichen Blick auf das Meer verhindert. Das ist die Tatsache. Dass Ihr Reiseveranstalter nichts taugt oder man eben nicht in den Süden in den Urlaub fahren sollte, sind Interpretationen. Konzentrieren Sie sich auf andere Aspekte der Situation, zum Beispiel darauf, dass Sie ohne diese Tatsache kein Upgrade für ein komfortableres Zimmer bekommen hätten, und darauf, dass Sie Ihren Schatz an der Seite haben.

Treten Sie mit einem inneren »Stopp« auf die Bremse, wenn Sie grübeln oder sich in negativen Gedankenkreisen drehen. Lenken Sie sich ab. Lesen Sie Witze: Sobald Sie lachen, löst sich der Gedankenkrampf.

Die beste Prävention ist, das Gehirn zu pflegen und sich von negativen Menschen, Klatsch, Tratsch und negativen Berichterstattungen fern zu halten. Durch jedes negative Gespräch mit Kollegen über andere, durch jeden Vorwurf, den Sie sich selbst oder anderen machen, durch jedes Horrorbild im Fernsehen, das Sie heute ansehen, bauen Sie Ihr Gehirn um. Es wird genau so geformt, wie Sie sich verhalten. Mit der Konsequenz, dass Sie sich immer öfter so verhalten – mehr über die psychologischen Gründe dafür lesen Sie ab Seite 91.

Beginnen Sie gleich mit dem Happy End

Fragen Sie öfter einmal danach, was optimal für Sie ist, nach dem Happy End. Nur wenn Sie es kennen, können Sie es schließlich auch erleben.

Warum essen Sie Schokolade? Wollen Sie einfach etwas Süßes im Mund nach einer herzhaften Mahlzeit? Oder wollen Sie Stress abbauen? Haben Sie lange keine Freude in Ihrem Leben gehabt und Essen soll Abhilfe schaffen? In jedem der Fälle wird es mehr oder weniger angemessen sein, Schokolade zu essen oder nicht, viel oder wenig, allein oder mit anderen. Völlige Zufriedenheit kann jedoch nur eintreten, wenn das, was Sie tun, angemessen ist. Und wenn Sie es dann auch wirklich tun.

Wenn Sie das wissen, legen Sie los und lassen gleich noch die Bedingungen, die Sie bislang für das Erfüllen Ihrer Wünsche hatten, einfach hinter sich. Sie sind gut genug, erfolgreich genug, klug genug, attraktiv genug, um jetzt alles zu leben, was Ihnen wichtig ist. Wann könnte es einen besseren Zeitpunkt geben? Nie.

Ich kann mir gut vorstellen, dass Ihnen gleich Beispiele dafür einfallen, wann und warum das nicht geht, weil irgendetwas fehlt oder nicht passt. Zu wenig Geld, Zeit, Hilfe … Zu alt, nicht fit genug … Natürlich ist es eine Gratwanderung, sofort etwas von seinen Wünschen umzusetzen, ohne realitätsfern zu leben. Doch es ist möglich.

Ein Beispiel: Sie werden nicht sofort im nächsten Urlaub im Fünfsternehotel wohnen, wenn Ihr Einkommen das nicht zulässt. Sie müssen aber auch nicht ganz auf Luxus oder Komfort verzichten, bis Sie sich ihn leisten können. Dieses »alles oder nichts«-Denken bewirkt oft, dass wir uns gar nicht erst auf den Weg zu etwas machen, das unerreichbar scheint.

Erkunden Sie vielmehr, was Ihnen die Zielerreichung bringen soll, also das Ziel, das sich hinter dem ersten Ziel versteckt: Ihr Happy End. Wenn Sie das wissen, können Sie sofort eine Kleinigkeit davon leben.
Die Konsequenz? Sie warten nicht auf etwas, das vielleicht nie eintritt, sondern erleben und genießen, dass schon etwas da ist. Das wiederum bringt gute Gefühle, die Sie neue Chancen wahrnehmen lassen. Das führt zu neuem Handeln und so rücken Ihre Ziele und Wünsche immer näher. Sie wissen ja schon: Aus der Wahrnehmung des Vorhandenen gestartete Veränderungen bringen Sie wirklich weiter. Dies könnte, um beim Beispiel zu bleiben, ein Essen oder ein Kaffee im Fünfsternehotel sein, wenn Ihr wirkliches Optimum ist, sich auf hohem Niveau verwöhnen zu lassen. Oder Sie finden Sonderangebote im Viersternebereich und starten damit.

Alles hat seine Zeit

Wie immer im Leben gibt es Ausnahmen. So auch zum **Jetzt-Prinzip**. Wichtig bleibt, genau das sofort umzusetzen, was für uns wichtig und gut ist, oder zumindest kleine Teile davon. Allerdings werden wir abwägen. Denn es passt einfach nicht alles zu jeder Zeit. So wie Sie im Winter keine Pralinen aus dem Kühlschrank essen, weil Sie keine Erfrischung brauchen, werden Sie die Zimtsterne nicht zur sommerlichen Gartenparty anbieten. Ein anderes Beispiel: Als kurzfristige Antistress-Strategie hilft es oft, Schokolade in der Schreibtischschublade zu haben. Aber langfristig müssen Sie etwas anderes gegen den Stress tun. Schokolade ist aufgrund des enthaltenen Koffeins und Theobromins ein toller Wachhalter bei langen Autofahrten. Wenn jedoch der Sekundenschlaf kommt, reicht das nicht mehr. An den »Tagen vor den Tagen« ist aufgrund der Hormonumstellung oft der Appetit auf Schokolade größer, ebenso im Winter, wenn wir zu wenig Sonne für die Produktion von Serotonin erhaschen.

Wenn Sie auf Körper und Seele hören, darauf achten, was Sie wann brauchen, tun Sie immer das Richtige für diesen Moment. Manchmal hilft Schokolade, manchmal etwas anderes: Schlaf, Zärtlichkeit, Vitamine oder ein Jobwechsel.

YOLO – You Only Live Once

Yolo war das Jugendwort des Jahres 2012. Da sag mal einer, wir können von der heutigen Jugend nichts lernen! Das Bewusstsein für die Vergänglichkeit des Lebens steigert den Wert des Augenblickes und die Kraft, jetzt das zu tun, was wir wollen.
Unsere Kultur vermittelt die Illusion, dass alles berechenbar ist, auch die Zukunft. Wie wir alle wissen, ist das nicht so. Selbst wenn wir die tollsten Pläne machen, können wir nie sicher sein, wie viel wir erreichen: Wir können weder die Umsätze unserer Firmen noch unser Körpergewicht genau vorhersagen. Die richtige Relation zwischen Planung und dem Leben im Augenblick ist gefragt. Wissen, wohin wir wollen. Und heute das tun, was wichtig ist. **Yolo**. Sie leben nur einmal.
Mit dem Neuen ist es dabei so eine Sache. Wer freut sich schon, wenn die nächste Umstrukturierung der Firma, ein neues Abrechnungssystem oder eine neue Steuergesetzgebung ansteht? Wenn der Partner plötzlich nicht mehr ans Meer, sondern zum Wandern fahren will – oder sogar allein Urlaub machen möchte? Wenn der Körper sich verändert oder das Einkommen? Der Anfang ist immer schwer. Das Gehirn liebt es, wenn alles beim Alten bleibt. Verhalten und Denken und daraus entstehende Gewohnheiten führen zu festen Verknüpfungen zwischen den Nervenzellen im Gehirn. Das ist gut so, denn so merken wir uns Vokabeln und wie man sich die Schuhe zubindet. Neues Denken und Tun kosten jedoch besonders viel Energie. So lange, bis sie selbst wieder zur Gewohnheit geworden sind. 30 Tage bis drei Monate müssen wir trainieren oder uns an etwas gewöhnen, bis es sich vertraut anfühlt und der innere Dialog »soll ich oder soll ich nicht« aufhört.

Interessanterweise müssen wir uns zum Schokolade-Essen nie »motivieren«. Anders als beim Sport, Nichtrauchen oder Verkaufen. Wir tun es einfach. Es geht wie von allein, wenn uns etwas Spaß bringt und wenn wir uns klarmachen, dass unsere Chancen zahlreich, aber endlich sind. Am Ende des Lebens bedauern Menschen normalerweise nicht, dass sie etwas getan, sondern dass sie etwas gelassen haben.

Kleine Helfer: jetzt anfangen

1 Tun Sie es

Etwas zu verbessern ist leichter, als ganz neu anzufangen. Schreiben, Planen, Nähen, Fremdsprachen. Erst mal loslegen, ohne riesige Ansprüche an sich selbst. Dann besser werden.

2 Tun Sie es sofort!

Rechnungen bezahlen, einfache Mails beantworten. Alles, was maximal zwei bis drei Minuten kostet, sollte sofort erledigt werden. Die Kleinigkeiten summieren sich sonst und machen unzufrieden.

3 Beginnen Sie klein

Das ganze Büro ausräumen wollen Sie schon lange und tun es nicht, weil das Vorhaben zu groß ist. Fangen Sie mit dem Schreibtisch an.

4 Tun Sie die Dinge gleich richtig

Legen Sie die Zeitung an ihren Platz, heften Sie den Beleg in die richtige Mappe. Zwischenschritte kosten später wertvolle Zeit.

5 Beschränken Sie die investierte Zeit

Unangenehme Gespräche, Aufräumaktionen, ungeliebter Sport werden gern verschoben, weil wir uns nicht endlos quälen wollen, und das ist gut so. Geben Sie sich ein Zeitlimit, und es wird viel einfacher.

6 Vereinbaren Sie einen Termin mit sich

Wenn Sie etwas nicht gleich angehen können, vereinbaren Sie ein neues »Jetzt« mit sich und tragen Sie es in den Kalender ein.

7 Suchen Sie sich Unterstützung

Wenn wir verabredet sind oder jemandem darüber berichten, was wir tun wollen, ist die Wahrscheinlichkeit für die Umsetzung größer. Auch um Hilfe zu bitten ist legitim.

8 Suchen Sie sich Gleichgesinnte

Geteilte Freude … stimmt immer. Vielleicht lässt sich ja das Angenehme mit dem Nützlichen verbinden, wenn Sie zum Beispiel mit Ihrer Freundin walken gehen und gleichzeitig mehr Gelegenheit haben, Zeit miteinander zu verbringen.

9 Auswege sind erlaubt!

Wenn es für Sie Sinn macht. Zum Beispiel auch mal heimlich zu naschen. Wenn Sie sich noch nicht trauen vor anderen so zu leben, wie Sie wollen, dann eben ganz für sich, Hauptsache Sie tun es.

10 Zerlegen Sie große Vorhaben in kleine

Und zwar so lange, bis Sie sofort anfangen können.

11 Haben Sie Spaß

Falls Sie etwas, was Sie tun möchten, nicht tun, überprüfen Sie, ob es wirklich das Richtige ist – oder ob es Ihnen einfach nicht genug Freude bringt. Denn sonst würden Sie es ja tun.

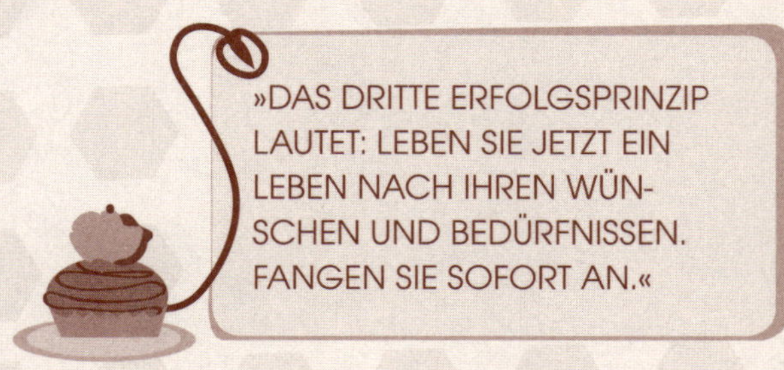

Sie sind dran

Treffen Sie eine Entscheidung!

Sagen Sie Ja zum sofortigen guten Leben ohne Bedingungen? Schließen Sie einen Vertrag mit sich selbst:

Ich lebe ab sofort auf der Schokoladenseite des Lebens. Jetzt. Ich bin gut genug, klug genug, schön genug, alt genug.

....

Datum Unterschrift

Verhalten Sie sich neu:

Suchen Sie sich ein Vorbild im Bekannten-, Freundes-, Kollegenkreis oder auch aus der Presse. Jemanden, der genau so lebt. Im Alltag gut für sich sorgt. Beobachten Sie, wie er/sie das genau macht, und machen Sie nach, was zu Ihnen passt. Notieren Sie fünf Ideen:

....

....

....

Ihre neuen Erfahrungen mit Ihrer Entscheidung:

....

....

....

....

....

Die psychologische Grundlage dafür, JETZT mit dem genussvollen Leben anzufangen

Wenn wir den Schokoladengenuss reglementieren, kommt sofort der Heißhunger, der uns an unsere Bedürfnisse erinnert. Das fühlt sich zwar nicht gut an, doch zumindest sorgt dieses Gefühl dafür, dass wir es mit der Selbstkasteiung nicht allzu sehr übertreiben – und den Genuss nicht immer auf ein »Später« verschieben. In anderen Lebensbereichen müssen wir selbst diese Erinnerungsfunktion übernehmen, es uns jetzt gut gehen zu lassen. Denn viel zu oft leben wir im »Hätte« »Wäre« und »Könnte«. In Umfragen zum Thema Glücksempfinden zeigt sich, dass wir unserer kulturellen Prägung – mit dem Leitbild der disziplinierten, entsagungsvollen Pflichterfüllung – scheinbar recht ausgeliefert sind: In einer Umfrage des niederländischen Psychologen Professor Ruut Veenhofen liegt Deutschland unter 148 Nationen auf einer Skala von 0 bis 10 Glückspunkten mit 7,1 nur im Mittelfeld, ähnlich wie Nicaragua. Und damit hinter Mexiko, noch viel weiter hinter Costa Rica mit 8,5, Dänemark mit 8,3 oder Kanada und der Schweiz mit 8,0 Punkten.[13]

In dem Buch »Glück – The World Book of Happiness«[14] wurden aus weltweiten Forschungen Glückserkenntnisse zusammengetragen. Hier finden wir »die subjektive Wertschätzung des Lebens« als Glücksdefinition von Ruut Veenhofen. Diese gefällt mir sehr gut, weil sie zum einen darauf verweist, genau das, was ist, wertzuschätzen und nicht Träumereien nachzuhängen oder Bedingungen für Glück aufzustellen. Zum anderen erinnert sie uns an die Wertschätzung an sich. Schätzen Sie noch jedes Stück Schokolade, das Sie naschen?

Woher kommt die Fähigkeit, Glück zu empfinden?

Offenbar scheint die Fähigkeit, das Glück zu sehen und zu fühlen, zu einem gewissen Teil angeboren zu sein. Die Sozialpsychologin Professor Sonja Lyubomirsky[15] geht davon aus, dass 50 Prozent unseres Glückspotenzials quasi angeboren sind. Etwa weitere 10 Prozent Anteil haben die Lebensumstände, und die restlichen 40 Prozent liegen in unserer Hand. Und diese 40 Prozent können und müssen trainiert werden: indem man übt, Positives wahrzunehmen, Fehler als Lernerfahrungen nutzt und seine sozialen Fähigkeiten schult, um verlässliche Bindungen mit Freunden, Partnern, der Familie zu leben.
Die kroatischen Psychologinnen Dubravka Miklovic und Majda Rijavec[16] machen das Glücksrezept ganz konkret:

- Tragfähige Beziehungen, wie eine Partnerschaft oder gute Freundschaften.
- Eine Arbeit, die uns entspricht.
- Die materielle Absicherung der Grundbedürfnisse.
- Jeden Tag mindestens drei schöne Dinge wahrnehmen.
- Dankbarkeit, wenn wir das alles haben.

Wenn ich in diesem Buch davon schreibe, wie wichtig es ist, sich sofort ein gutes Leben zu schenken, werden Sie eventuell denken: »Und was mache ich, wenn ich keinen Liebsten oder keine tolle Arbeit habe?« Dann beginnen Sie wieder mit der Wahrnehmung dessen, was da ist, was Sie bisher aber vielleicht nicht sehen oder schätzen konnten.
Nehmen wir die Liebe. Wir schränken den Liebesbegriff in unserer Kultur stark auf eine romantische Liebesbeziehung im Sinne der Partnerschaft ein. Wir gehen davon aus, dass nur das die »richtige« Liebe ist – und ohne diese ist das Leben nur halb so schön. Aber was ist mit Ihren Eltern, Geschwistern, Freunden? Ganz sicher werden Sie geliebt, und auch Sie selbst lieben. Viel-

leicht scheint diese Liebe eben nur nicht »richtig« oder »genug« zu sein. Sie könnten sich um Menschen in Ihrem Umfeld kümmern und diesen Liebe schenken, Sie könnten sich mit dem Buddhismus befassen und die Liebe zu allen Lebewesen lernen. Es gibt ganz viele Wege, und ganz weit vorn darf die Liebe zu sich selbst stehen. Wer soll Sie lieben, wenn Sie es nicht selbst tun?

Nehmen Sie die Schokoladen(seiten)beschaffung selbst in die Hand

Nachdem Sie ein bisschen das Bewusstsein geübt haben für das, was da ist, können Sie sich nun darauf konzentrieren, die nächsten kleinen Schritte von dem zu leben, was Sie sich wünschen. Sie erhoffen sich Komplimente? Dann gilt folgender Fahrplan:

1. Machen Sie sich selbst welche.
2. Machen Sie anderen welche.
3. Hören Sie tatsächlich hin, was andere Ihnen Nettes sagen – und akzeptieren Sie es ohne Zweifel!

Wie oft wiegeln wir Komplimente ab, weil wir sie nicht glauben, nicht ernst nehmen oder weil wir unterstellen, es stecke etwas anderes dahinter? Indem Sie kleine Schritte von dem, was Sie wollen, selbst leben, trainieren Sie diese als Normalität und können sie dann auch besser annehmen. So ebnen Sie den Weg für alles – sei es mehr Wohlstand, Vergnügen oder Selbstbewusstsein. Tendenziell konzentrieren wir uns eher auf das, was stört oder fehlt. Durch diese Konzentration steuern wir unsere Wahrnehmung und unser Verhalten genau in die falsche Richtung und so festigen wir das, was stört. Damit Glück in jedem Moment eine Chance hat, sollten Sie sich in den Momenten, wo etwas nicht passt, überlegen, was Sie stattdessen wollen. Nur wenn Sie das wissen, können Sie damit anfangen.

Unser Gehirn und das »Glück im JETZT«

Wissenschaftler gehen davon aus, dass wir in unserem dem Bewusstsein zugänglichen Denkhirn einige tausend Gedanken am Tag produzieren. Unser Unterbewusstsein ist noch fleißiger und arbeitet 24 Stunden am Tag, es macht nie Pause. Auch wenn Sie schlafen, arbeitet es weiter. Was einmal dort gelandet ist, bestimmt, was wir tun. Diese unbewussten Informationen sind auch nicht so leicht zugänglich, weil sie kaum auf der Sprachebene gespeichert werden. Sie drücken sich eher in Bildern, Träumen, Krankheiten aus. Denken Sie an die Regulation des Herzschlags oder der Verdauung. Sie widmen ihr keine Anstrengung, organisieren nichts, ja: Sie können Herzschlag oder Verdauung nicht einmal willkürlich zum Stillstand bringen.
In der Kombination der bewussten und unbewussten Informationen liegt die große Chance für uns, leichter das zu erreichen, was wir wollen, ein »schokoladigeres« Leben zu leben. Wenn Sie Geld, Liebe, Erfolg, Gesundheit mit guten Gedanken hegen und pflegen, werden sie wachsen. Denn wir bekommen nicht das, wovon wir träumen, sondern das, worauf wir uns konzentrieren, womit

wir uns beschäftigen und wofür wir etwas tun. Dafür sind die kleinen täglichen Schritte wichtig.
Milliarden von Nervenzellen entwickeln Billionen neuronaler Verknüpfungen, die genau zu der Art unserer Gedanken, Gefühle und unseres Verhaltens passen. Was wir oft wiederholen, rutscht ins Unterbewusste und wir verhalten uns ganz automatisch entsprechend. Wissenschaftler können dies sogar an der Form des Gehirns nachweisen. In diesem Zusammenhang wird von der Neuroplastizität des Gehirns gesprochen. Positive Gedanken und Gefühle lassen den linken Frontallappen wachsen, negative den rechten. Kurzum: Alles, was zur Gewohnheit wird, bekommt neurologische Struktur, und: Je öfter wir etwas tun, umso besser werden wir darin. Dann fällt es uns leichter und wir wiederholen es umso lieber. Gewohnheiten sind also sinnvoll, weil sie Verhalten verfestigen. Sie verhindern allerdings auch mit großer Kraft, dass Neues entsteht. Und nur wenn wir etwas Neues tun, können wir neue Ergebnisse erreichen. Das fühlt sich zunächst unangenehm an. Doch Mut wird vom Gehirn auch immer mit dem Wohlfühlbotenstoff Dopamin belohnt. Wenn Sie sich also überwunden haben, werden Sie sich toll fühlen.
Kurzum: Es gilt, die richtige Balance zu finden zwischen positiven Gewohnheiten und Ritualen einerseits – und der Suche nach Neuem, dem Ausprobieren des Ungewohnten andererseits.

Veränderung braucht Mut – und etwas Zeit

Lassen wir die Vergangenheit ruhen. Sie wird als Maßstab für die Zukunft überflüssig, wenn wir uns heute anders verhalten. Dann wird eine andere Zukunft aufgebaut. Schrittchen für Schrittchen. Das kann dauern. Oft geben Menschen nach drei Wochen das Joggen auf, wechseln die Arbeit nach zehn vergeblichen Bewerbungen doch nicht oder beenden eine Beziehung, wenn es nach einigen Monaten nicht perfekt läuft. Das ist unklug, haben wir doch unser altes Verhalten nicht Tage, Wochen oder Jahre, sondern Jahrzehnte geübt. Und dann soll es bitte schön schnell gehen? Haben Sie Geduld und beziehen Sie alle Ebenen des Seins, Habens und Tuns mit ein. Denn auf allen drei Ebenen vollziehen sich Veränderungen. Man sagt so schnell »alles beginnt im Kopf«, doch wie viel investieren wir dort? Es ist so einfach und doch scheinbar so schwierig, denn wir haben in unserem Gehirn einen starken Gegenspieler. Weil die Basis der Informationsverarbeitung des Gehirns die eigenen Erfahrungen, die Familiengeschichte und Menschheitsgeschichte ist. Und diese Informationen sind mächtig. Die meisten von uns haben gelernt, dass sie sich anstrengen sollen, dass sie das, was sie bisher tun, nur besser tun

Vergangenheit – Gegenwart – Zukunft

Wie alt wollen Sie werden? Und wie wollen Sie alt werden? Wir leben in einer Kultur, in der das Älterwerden als unangenehm empfunden wird und mit der Erwartung von Defiziten und Einschränkungen einhergeht. Auch hier gilt es zu bedenken, dass unsere Erwartungen bestimmen, was wir tun und wo wir landen.

Ich bin immer ganz erstaunt, wenn mir Klienten zwischen 40 und 50 Jahren sagen, dass in »ihrem Alter« körperliche Probleme doch nun normal würden. Das sehe ich nicht so. Und Sie können sich bestimmt vorstellen, dass diese unterschiedlichen Sichtweisen auf die persönliche Situation, den eigenen Gesundheitszustand und das Leben insgesamt zu unterschiedlichem Verhalten führen – und das führt wiederum zu unterschiedlichen Ergebnissen.

müssen. Nicht wirkliche Veränderung wird propagiert, sondern das Alte immer weiter zu wiederholen. Hat es bisher funktioniert? Nein. Deshalb lassen Sie uns das Konzept ändern und **jetzt** in kleinen Schritten immer mehr so leben, wie es zu uns passt.

Dafür sollten wir es uns zur Regel zu machen, unser Gehirn, unsere Gedanken so zu trainieren wie unseren Körper. Das beginnt schon damit, sich Zeit zum Nachdenken zu nehmen. Schreiben Sie Tagebuch? Gehen Sie zum Coaching? Dann sind Sie klar im Vorteil, denn Sie sind es gewohnt, sich Zeit für Ihren Geist zu nehmen. Etablieren Sie Routinen in Ihrem Alltag zur Pflege des Geistes. Egal, ob Meditation, Entspannungstechnik, Dankbarkeitstagebuch oder Selbstcoaching – Hauptsache, Sie tun etwas. Wir unterschätzen die Wirkung unseres Geistes auf unseren Alltag. Nur wir selbst können das sofort ändern.

Meine Vision ist es übrigens, dass 2050 die Menschen ihren Geist genauso trainieren und pflegen wie heute ihren Körper. Weil sie gelernt haben, rundum selbst gut für sich zu sorgen. Ich arbeite dafür, dass es künftig genauso normal wie Körperpflege und Muskeltraining sein wird, täglich etwas für den Kopf zu tun. Beim Zähneputzen oder Ausdauersport hinterfragen wir den Nutzen ja auch nicht mehr. Wir wissen, es tut gut, und integrieren Gutes für den Körper ganz selbstverständlich.

Dos und Don'ts für süße Momente

Konnte ich Sie schon vollkommen für die Konzentration auf den Moment gewinnen? Falls Sie noch ein wenig schwanken, kommt hier weitere Wissenschaft. Der Psychologe Matthew Killingsworth hat an der Harvard-Universität bei 2250 Personen deren Zufriedenheit und gedankliche Präsenz im Laufe des Tages untersucht.[17] Es gab zwei erstaunliche Ergebnisse:

1. Die Hälfte der Zeit sind Menschen geistig abwesend. Egal, ob sie etwas Angenehmes oder Unangenehmes tun.

2. Menschen, die bei einer Beschäftigung gedanklich abschweifen, sind unzufriedener und häufig unglücklich. Dabei ist das Abschweifen keine Folge, sondern die Ursache der Unzufriedenheit. Denn das ständige Grübeln macht unfroh.

Das heißt: Die Anzahl abschweifender Gedanken ist ein Maßstab für die Zufriedenheit einer Person. Und Präsenz im **Jetzt** ist wichtiger für die Zufriedenheit als das, was wir tun.
Ein weiteres Argument stammt von Professor Barbara Fredrickson, speziell ihren Untersuchungen zur Resilienz, der Widerstandsfähigkeit gegenüber Problemen.[18] Sie zeigt, dass bei resilienten Menschen die Aktivität im orbitofrontalen Cortex (der Region für Sorgen) geringer ist. Resiliente machen sich generell weniger Sorgen und warten eher ab, als sich jetzt schon über Künftiges aufzuregen. Sie reagieren auf das, was **jetzt** ist. Dadurch nehmen sie besser wahr, wenn unangenehme Situationen vorüber sind, und erholen sich schneller. Sorgen und Angst können also reduziert werden, indem Sie sich auf den Augenblick konzentrieren. Mit Sorgen und Angst verbunden ist der Blutdruck. Wir können nicht verhindern, dass unser Herz bei Aufregung oder Schreck schneller schlägt. Aber wir können darauf reagieren und es beruhigen, indem wir gute Gefühle aktivieren und bei den Tatsachen im Augenblick bleiben. Je öfter wir das üben, umso leichter gelingt es.

Die zehn leckersten Ideen für die Umsetzung: Das genussvolle JETZT im Alltag

Auch wenn Sie künftig mehr im Moment leben, werden Sie nicht alles auf einmal stemmen. Auch bei dem Prinzip **Jetzt** gilt es, einen Schritt nach dem anderen zu tun. Beispiele finden Sie nachfolgend. Aus vielen kleinen **Jetzts** wird irgendwann ein neuer Lebensstil. Freuen Sie sich an jedem einzelnen, dessen Umsetzung Ihnen gelingt, und testen Sie, was Ihnen gut tut.

Alles zu seiner Zeit, Weihnachtsmänner werden keine Osterhasen.

Wie ist es, wenn ...
... Sie gerade pubertierende Teenager im Haus haben, Ihre Arbeitsstelle umgezogen ist, sich die Länge Ihres Arbeitsweges dadurch verdoppelt hat und Sie trotz großer Anstrengung einfach nicht abnehmen?

Sie entscheiden:

Es muss doch irgendwie funktionieren! Ohne abzunehmen können Sie nicht zufrieden sein. Was andere schaffen, müssen Sie doch auch schaffen.

Oder:

Sie überlegen, ob das der richtige Zeitpunkt zum Abnehmen ist. Vielleicht haben Sie sich zu viel auf einmal vorgenommen. Fangen Sie mit einem kleineren Schritt an, der jetzt möglich ist.

Sie handeln:

Sie halbieren Ihre Portionen und stehen noch zeitiger auf, um Sport zu machen.

Oder:

Sie überlegen, wie viel Zeit und Kraft Sie für das Projekt Abnehmen haben und was Ihnen gut tut. Dann wählen Sie ein Hörbuch über mentale Abnehmstrategien aus, das Sie im Auto hören können – ein erster Schritt in die richtige Richtung.

Naschen findet immer jetzt statt.

Wie ist es, wenn …
… das Geld für eine schicke Designertasche einfach nicht reicht?

Sie entscheiden:

Es ist aussichtslos. Sie können sich eben tolle Dinge einfach nicht leisten. So ist es im Leben, manche haben es und andere nicht.

Oder:

Da muss doch etwas möglich sein. Sie überlegen ganz genau, was Ihnen wichtig ist und wo Sie es bekommen können.

Sie handeln:

Sie träumen weiter und denken, wenn die Kinder aus dem Haus sind, wird alles anders, irgendwann könnte es klappen. Sie nehmen sich fest vor, dann als Erstes die Tasche zu kaufen.

Oder:

Sie suchen im Internet, in Outlet-Stores, bei Auktionen nach Ihrem Modell und finden es dann tatsächlich im Secondhandladen um die Ecke zum halben Preis.

Ich sorge für meine gute Laune!

Wie ist es, wenn ...
... Ihr Partner oder Ihre Kinder schlechte Stimmung verbreiten, nicht sagen, was sie haben, und schon seit Tagen mies drauf sind?

Sie entscheiden:

Sie machen sich Sorgen und leiden mit. Wie kann es Ihnen gut gehen, wenn Ihr Umfeld leidet?

Oder:

Sie sorgen besonders gut für sich, damit der Schlechte-Laune-Virus Sie nicht ansteckt. Früher hätten Sie sich mit runterziehen lassen, heute ist es Ihnen zu schade um Ihre Lebenszeit.

Sie handeln:

Sie bohren und bohren, um etwas herauszubekommen, es muss doch etwas geben, womit Sie die Stimmung verbessern können. Da Sie nichts herausfinden, geht es Ihnen auch bald schlecht, und die Luft flirrt.

Oder:

Sie fragen kurz nach, ob Sie etwas tun können, und kümmern sich dann um sich selbst. Sie kleiden sich mit besonderer Sorgfalt, kochen sich etwas Feines, naschen Ihre Lieblingsschokolade und hören die Lieblingsmusik. So ist wenigstens einer gut drauf und langsam schließen sich die anderen an.

4 Ich achte auf meine Gedanken, weil sie mein Leben bestimmen.

Wie ist es, wenn …
… Sie totales Lampenfieber vor einem Vorstellungstermin haben und vor Aufregung kaum schlafen können?

Sie entscheiden:

Die Gedanken kreisen, wenn Sie nachts im Bett liegen. Sie sorgen sich um die Zukunft, falls Sie den Job nicht bekommen. Dann können Sie nicht mehr in den Urlaub fahren und müssen umziehen. Sie werden immer unruhiger und nervöser.

Oder:

Sie haben einen Block neben dem Bett, um wichtige Gedanken festzuhalten. Sie hören eine Entspannungs-CD und denken daran, was Sie alles zu bieten haben. Sie denken an Dinge, die Ihnen Freude bereiten, und welche Garderobe Sie am besten wählen.

Sie handeln:

Am Tag des Termins sind Sie völlig erledigt und können sich nur mit Kaffee wach halten. Leider verhalten Sie sich wie ein Nervenbündel und beantworten die einfachsten Fragen wenig souverän.

Oder:

Am Tag des Termins sind Sie etwas müde, aber gut gelaunt, weil Sie sich vertrauen. Und wenn es heute nicht klappt, klappt es beim nächsten Mal. Sie treten freundlich auf, tragen das richtige Outfit, sind neugierig und vorbereitet.

Ich baue heute meine Zukunft.

Wie ist es, wenn …
… Sie davon träumen, einmal selbstständig zu sein und Bücher zu schreiben, Ihnen Ihr Job aber kaum Zeit zum Luftholen lässt?

Sie entscheiden:

Es wird auch mal anders, und dann fangen Sie an, über Ihre Selbstständigkeit nachzudenken. Man kann nicht alles haben.

Oder:

Jetzt oder nie. Die Vorfreude über die ersten Schritte Richtung Ziel gibt Ihnen Kraft für alles, was Sie wollen.

Sie handeln:

Sie konzentrieren sich erst einmal auf Ihre jetzige Arbeit und in Ihrer Freizeit ruhen Sie sich von Ihrem kräftezehrenden Job aus.

Oder:

Sie besuchen schon mal einen Kurs zu Rechtsfragen der Selbstständigkeit und schaufeln sich am Wochenende Zeit frei für einen Onlineworkshop zum Schreiben.

Ich stehe hinter dem, was ich tue.

Wie ist es, wenn …
… Ihre Freundinnen freundlich andeuten, dass dieses Kleid für eine Frau Ihres Alters und mit Ihrer Figur nicht geeignet ist?

Sie entscheiden:

Wie gut, dass Ihre Freundinnen das sagen. Sie sollten besser auf sie hören, vielleicht denken ja auch andere Leute so?

Oder:

Sie sind Ihr eigener Maßstab. Sie haben lange genug auf andere gehört, und das ist Ihnen nicht immer gut bekommen. Schluss damit. Sie haben einen Spiegel, Augen im Kopf und einen guten Geschmack. Was »geht« und was nicht, ist eine Frage der individuellen Definition.

Sie handeln:

Sie laden Ihre Freundinnen ein, mit Ihnen den Kleiderschrank durchzugehen und alles auszusortieren, wofür Sie zu alt oder zu rund sind.

Oder:

Sie fühlen sich in Ihrem Kleid wohl und allein schon deshalb sehen Sie großartig aus. Sie buchen sich ein Garderobencoaching, um an Ihrem Stil zu feilen und Ihre Vorzüge zu betonen.

Ich ergreife die Initiative.

Wie ist es, wenn …
… Sie mit einem wertvollen Menschen verstritten sind und keiner von Ihnen verzeihen kann, sodass der Kontakt abgebrochen ist?

Sie entscheiden:

Warum müssen Sie immer den ersten Schritt gehen? Das ist ungerecht! Und überhaupt war der andere schuld an der Situation.

Oder:

Es tut Ihnen sehr leid, dass es zum Streit gekommen ist. Auch wenn er scheinbar vom anderen ausging, wissen Sie in Ihrem Innersten, dass dazu zwei gehören. Wenn Sie Ihrem Herzen folgen könnten, würden Sie zuerst dem anderen die Hand reichen.

Sie handeln:

Sie warten ab oder lassen kurz vor Weihnachten über Dritte mal ausrichten, dass Sie auf eine Entschuldigung warten und dann zur Versöhnung bereit wären. Die Antwort, die übermittelt wird, bestätigt Sie darin, dass es aussichtslos ist.

Oder:

Sie rufen an, auch wenn es ganz schwer fällt, sagen erst mal nur »hallo« und »wie geht's« und dass es Ihnen leid tut, dass die Situation so ist, wie sie ist. Notfalls suchen Sie sich jemanden, der vermitteln kann. Wann wollen Sie wieder zusammenfinden, wenn nicht jetzt?

Ich gehe hinaus, wenn die Sonne scheint, nicht dann, wenn ich Zeit habe.

Wie ist es, wenn ...
... der Schreibtisch unter der Arbeitslast zusammenbricht und Sie mit ihm. Draußen scheint die Sonne und Sie haben genau vor Ihrer Tür einen kleinen Park.

Sie entscheiden:

Herrliches Wetter, »man« müsste mal wieder spazieren gehen. Ach, haben die da draußen es gut, in der Sonne zu sitzen. Na, am Wochenende unternehmen Sie mal wieder etwas.

Oder:

Herrliches Wetter, Sie gehen jetzt einfach mal einige Minuten raus, umso effizienter arbeiten Sie dann wieder, aufgetankt mit Glückshormonen.

Sie handeln:

Sie arbeiten missmutig weiter und regen sich über die Kollegen auf, die lachend von draußen reinkommen. Die haben wohl nichts zu tun? Das regnerische Wochenende verbringen Sie auf dem Sofa.

Oder:

Gesagt, getan – 10 bis 15 Minuten sind möglich. Sie lassen auch gleich das Handy auf dem Schreibtisch, um mal richtig durchzuatmen.

Wenn ich nasche, dann nasche ich, und sonst nichts.

Wie ist es, wenn ...
... Sie dringend am Schreibtisch eine kleine Auszeit brauchen und die Schokolade in der Schublade nach Ihnen ruft?

Sie entscheiden:

Ja, das gönnen Sie sich jetzt, und damit Sie keine Zeit verlieren, lesen Sie gleich mal die Nachrichten im Web dazu.

Oder:

Ja, das gönnen Sie sich jetzt, und damit Sie wirklich etwas davon haben, konzentrieren Sie sich ganz auf die Schokolade und genießen in vollen Zügen.

Sie handeln:

Sie schauen gebannt auf den Computer und lesen, was sich in der Welt tut, dabei essen Sie fast ohne es zu merken eine halbe Tafel Schokolade.

Oder:

Sie essen langsam und mit Bedacht ein Stückchen nach dem anderen. Sie kauen, lutschen, schmecken und erfreuen sich am Duft und Geschmack des Kakaos. Nach einer Reihe hören Sie auf und lesen dann die Nachrichten.

Ich weiß, dass ich jeden Tag neu anfangen kann.

Wie ist es, wenn ...
... Sie alle guten Vorsätze gebrochen haben und wieder morgens im Bett liegen geblieben sind, statt joggen zu gehen?

Sie entscheiden:

Ist doch eh sinnlos. Sie sind eben kein Läufer. Sie haben es ja gewusst. Es klappt eben nie.

Oder:

Sie sind eben kein Läufer und brauchen entweder eine andere Sportart, mehr Unterstützung oder eine bessere Strategie. So klappt es jedenfalls **noch** nicht.

Sie handeln:

Sie geben gleich den Rest der Woche auch noch auf und hadern mit Ihrer Willensstärke.

Oder:

Sie nutzen abends Ihre Minimumstrategie und gehen 15 Minuten um den Häuserblock spazieren. Dabei überlegen Sie, was Sie morgen besser machen können.

aufwachen

Zutat Nr. 4:

Haselnuss oder Marzipan? Finden Sie heraus, was zu IHREM Leben passt

Wir hören heute ständig, dass Individualität gefragt ist. Von Versicherungstarifen bis zu Haarfarben wird alles gemischt und arrangiert, bis es genau passt. Doch wie halten wir das selbst? Warum wagen wir es nicht, einzigartig zu sein? Hier finden Sie ein Plädoyer für die Individualität als Genussfaktor.

Auf einen Blick

Darum geht es

Jedem Menschen schmeckt etwas anderes. Zu jedem passt ein anderes Leben. Was macht Sie glücklich, welches Leben kitzelt Ihren Gaumen?

Sie sind so einzigartig wie Ihre Lieblingsschokolade – leben Sie IHR Leben

Entwickeln Sie eine »Dafür«-Mentalität und sorgen Sie gut für sich. Entscheiden Sie sich: **für** Schokoladensorten und **für** Ihre Art zu leben. Arbeiten Sie konsequent und diszipliniert an der Erfüllung Ihrer Wünsche.

Genießen Sie die Individualität Ihres Lebens im Alltag.

Sie sind genau richtig, wie Sie sind. Bleiben Sie, wer Sie sind – werden Sie, wer Sie sein wollen. Sie sind der einzige Mensch, der weiß, was zu Ihnen passt.

Die praktischen Grundlagen für die Suche nach IHREM individuellen Lebensglück

Ich bin mir sicher, das ist nicht das erste Buch, das Sie über Zielerreichung oder Persönlichkeitsentwicklung lesen. Wie nutzen Sie das, was Sie aus Coachings, Seminaren, Büchern oder dem »Selbstversuch« gelernt haben? Die Anhäufung von Wissen und Ideen nützt Ihnen wenig, solange Sie diese nicht im Alltag umsetzen. Auch hier können wir vom Schokoladengenuss lernen. Solange wir einen ausreichend großen Vorrat haben, kaufen wir kaum neue Schokolade.

Der optimale Weg wäre, sich regelmäßig Zeit zum Nachdenken und für die Pflege des Geistes zu nehmen. Darüber hinaus: ganz viel zu testen, um Ihr Optimum zu finden. Und dann Gewohnheiten zu entwickeln, die zu Ihren Wünschen passen. Auf diese Art können Sie neue Erfahrungen sammeln, die Sie auf Ihrem Weg bestärken.

Pflege des Geistes heißt, so denken zu lernen, wie es zu **Ihren** Wünschen passt. Oft müssen wir erst einmal mit alten Erfahrungen, Ängsten, Vorurteilen aufräumen, bevor neues Denken, kühne Ziele überhaupt Platz in unserem Kopf und unserem Leben haben. Konkret heißt das, sich einschränkende Gedanken wie »ich war noch nie gut in Mathe« oder »in unserer Familie sind alle dick« erst einmal bewusst zu machen. Dann zu suchen, welche Gedanken hilfreicher wären, zum Beispiel »Mathematik in der Schule ist etwas anderes als Mathematik im Beruf« oder »Ich bestimme mein Gewicht selbst«. Diese Ideen festigen Sie dann durch konstante Wiederholung und passendes Tun. Bitte erinnern Sie sich: Es dauert mindestens 30 Tage bis drei Monate, bis uns Neues vertraut wird, und dann wird es ganz einfach!

Den eigenen Genussmaßstab entwickeln

Die Testphase ist besonders reizvoll. Hier liegt die Chance, wirklich das Optimum zu finden. Oft gehen wir ihr allerdings in der Hoffnung nach, irgendwo in dieser Welt warte die perfekte Lösung auf uns – die auch noch völlig ohne Anstrengung klappt. Und am allerschönsten wäre es, wenn wir nichts grundsätzlich ändern müssten. So verkaufen sich ja zum Beispiel Diäten und Geldanlagetipps immer wieder neu und Partnersuchbörsen boomen. Natürlich ahnen wir, dass es dieses eine Wunder nicht gibt. Schön wäre es schon. Doch dann wären ja alle schlank, reich und verliebt in den einzig Richtigen.

Ich weiß, wovon ich spreche. Denn ich bin außerordentlich wissbegierig, sodass ich alle Konzepte zur persönlichen Entwicklung, die mir begegnen, selbst teste. Auch ich bin schon oft der Hoffnung erlegen, mit dieser CD würde ich nun für immer besser schlafen oder mit einer Blutanalyse mein Gewicht ganz leicht reduzieren. Weit gefehlt. Ohne Engagement klappt nichts.

Eine sehr schöne Testphase habe ich jedoch bei der Suche nach meiner eigenen Schokolade (siehe Anhang Seite 203) erlebt. Im höchst vergnüglichen Selbstversuch ging es um die perfekte Schokoladenzusammensetzung. Sie sollte zart schmelzen, trotz hohem Kakaoanteil sanft im Geschmack sein und wenig Säure enthalten. Ich habe viele Sorten probiert, kein Schokoladenregal war vor mir sicher. Das war der leichte, spannende, unanstrengende Teil. Der anstrengendere Schritt ist jedoch oft die Umsetzung und Anwendung unsere neuen Lebensregeln. Denn dann heißt es: ändern, anfangen, aufhören, umorganisieren, lernen … und das ist nicht immer nur angenehm. Doch nur so werden die besten Tipps für Sie auch wirksam: Sie wollen gelebt sein.

Viele Tipps zum guten Leben sind sehr allgemein und berücksichtigen individuelle Vorlieben und Besonderheiten nicht. Wenn es schon bei Schokolade so ist, dass jeder eine andere Sorte mag, wie sollte es dann bei größeren Dingen anders sein? Und doch erwarten wir, dass nur eine Meinung, gern unsere eigene, die richtige ist. Wichtig ist es, dass wir erkennen, dass jeder von uns etwas anderes braucht und will. Der nächste Schritt ist es dann, sich selbst und jedem anderen die Freiheit des persönlichen Geschmacks hinsichtlich aller Lebensbereiche zu lassen.

Schokolade unterstützt die geistige Fitness

Schokolade enthält viel Kalium, was unter anderem zur Sauerstoffregulierung des Gehirns beiträgt und bei der Umwandlung von Glukose in Glykogen hilft. Das fördert die Energieversorgung des Gehirns.

Entdecken und pflegen Sie Ihre Vorlieben

Haben Sie eine Lieblingssorte Schokolade? Nein? Dann hätte das den Vorteil, dass Sie wahrscheinlich verschiedene Sorten essen, das heißt, dass Sie viel Abwechslung haben. Es könnte aber auch einen erheblichen Nachteil haben, den viele Frauen kennen: Es fällt Ihnen eventuell generell schwerer, sich zu entscheiden. Im Übrigen kommen wir an dieser Stelle Phänomenen wie dem Burnout auf die Spur: Denn nicht die Vielfalt der modernen Welt gilt es zu verringern, sondern wir müssen lernen, unsere individuelle Auswahl zu treffen. Das fällt vielen Menschen schwer: Selbst im Privatleben suchen wir nach der ultimativen Lösung, wollen nichts verpassen, einfach überall dabei sein, alles richtig machen. Die riesige Vielfalt der Optionen und Möglichkeiten erschöpft uns. Der Ausweg: Wir müssen Grenzen setzen und Entscheidungen treffen, denen wir vertrauen. Wir müssen uns festlegen auf das, was zu uns selbst passt.

Sollten Sie eine Lieblingsschokolade haben – und auch sonst genau wissen, was Sie mögen –, dann hat das den klaren Vorteil, dass Sie zum Beispiel gezielt um Geschenke bitten können, sich genau das Richtige gönnen, schnellere Entscheidungen treffen und keine falschen Kompromisse machen. Andernfalls tappen Sie in immer die gleiche Falle: Sie empfangen beispielsweise Omas Marzipanschokolade, die Sie gar nicht mögen, immer wieder mit strahlendem Lächeln, woraufhin die Lieferungen immer weitergehen. Und da Sie sparsam sind, essen Sie die ungeliebte Schokolade dann auch noch.

Wenn wir wissen, was wir wollen und mögen, ist es einfach, das auch zu kommunizieren. Aus angedeuteten Bemerkungen, Abstufungen im Lächeln und Ähnlichem können die anderen nämlich nicht sicher schließen, was wir ausdrücken wollen.

Individualität begegnet uns auch beim Preis für Schokolade. Hier ist alles möglich von wenigen Cent bis zu acht Euro für 50 Gramm des süßen Stoffs. Was ist angemessen? Das kann keiner sagen. Es wird vom Markt entschieden – also von uns. Handwerk, außergewöhnliche Verpackungen und besondere Zutaten kosten natürlich mehr als Massenproduktion und Aromen. Sie entscheiden, was Sie einsetzen wollen. Für Schoko, für Wein, für Ihr Leben. Welche Dinge sind Ihnen so viel wert, dass Sie größere Summen dafür ausgeben? Wie sieht überhaupt Ihr Lebensstil aus? Klein und fein – oder eher üppig und häufig mal über die Stränge schlagen? Auch hier gibt es kein falsch oder richtig, sondern nur zu Ihnen passend oder eben nicht. Es nützt nichts, wenn Sie die superteure Jahrgangsschokolade kaufen und sich dann über die Ausgabe ärgern – oder umgekehrt, wenn Sie unbedingt sparen wollen und Ihnen das gekaufte Billigprodukt dann überhaupt nicht schmeckt.

Nur keinen Neid ...

Im Bereich Schokolade können wir Individualität schier unbegrenzt ausleben. Wir haben immer die Wahl, sind uns dessen bewusst und treffen sie auch. Wir entscheiden, ob wir eine ganze Schachtel Pralinen essen oder nur zwei Stück. Wir entscheiden, ob wir ausschließlich die mit der Eierlikörfüllung aus der Packung heraus naschen oder unseren Genuss mischen. Wir können Pralinen selbst herstellen oder sie kaufen. Wir können Schokoladentelegramme versenden oder Zutaten selbst bestimmen. Wir entscheiden uns für fair trade oder bio oder laktosefrei.

Genauso treffen wir hunderte von Entscheidungen für unseren Körper, unsere Beziehungen, unsere Arbeit – und erreichen damit die Ergebnisse, die dazu passen. Das trifft auch auf Krankheiten zu. Wir tun ganz lange nichts oder nur sehr wenig für unseren Körper – und erwarten, dass er dennoch immer reibungslos funktioniert. Obwohl die Belastungen und Anstrengungen, die wir allen Organen und Systemen zumuten, grenzenlos sind. Falls Sie das nicht glauben, überprüfen Sie doch gleich einmal, wie Sie sitzen. Gerade oder krumm? Ist der Kiefer locker oder angespannt? Sind die Schuhe bequem oder eng? Haben Sie sich heute schon entspannt? Alles nicht so optimal? Wenn wir dann krank werden, der Rücken wehtut oder wir anderweitig eingeschränkt sind, wundern wir uns.

Erinnern Sie sich an den Film »Forrest Gump«?[19] Dort sagt Forrest einmal »Das Leben ist wie eine Pralinenschachtel. Man weiß nie, was man bekommt«. Ich habe diese Idee aufgegriffen und ein wenig angepasst: »Das Leben ist wie eine Pralinenschachtel. Wir haben immer eine Wahl.« Was uns Angst macht, sind die Konsequenzen. Eine Wahl haben wir immer. Wenn Sie sich dies bewusst machen, werden Sie sofort weniger negativen Stress in Ihrem Leben haben. Dieser entsteht unter anderem, wenn wir glauben, keine Wahl zu haben, uns hilflos oder einer Situation ausgeliefert fühlen.

Wenn Sie wissen, dass Sie Ihr Leben bestimmen und unter sehr vielen Aspekten die für Sie passenden auswählen können, fällt übrigens auch der Neidfaktor weg. Gegenüber Menschen, denen scheinbar alles mühelos gelingt. Oder die essen können, so viel sie wollen, ohne zuzunehmen. Schauen Sie einmal genauer hin. Wollen Sie wirklich Ihr komplettes Leben mit dieser Person tauschen? Oft filtern wir nur eine Seite heraus, die uns besonders reizt. Den Rest übersehen wir geschickt. Statt neidisch zu sein, können Sie von nun an genau das tun, was Ihnen an anderen gut gefällt.

Naschen kennt keine Zweifel

Von einem Leben nach unseren Wünschen halten uns oft Fragen ab wie: Ist das auch die richtige Entscheidung? Was denken die anderen? Gehört sich das? Geht das auch gut?
Eigenartig: In Bezug auf Schokolade kennen wir diese Fragen kaum. Offenbar ist der Genuss uns die Entscheidung wert – und bestätigt, dass sie richtig war. Das übernehmen wir für unser restliches Leben! Seien Sie sich Ihrer Entscheidungen sicher. Ihr Wohlbefinden ist ein Maßstab, der niemals trügt.
Aus einer späteren Perspektive können wir alles besser wissen. Doch zum Zeitpunkt der Entscheidung tun wir in der Regel das gerade Bestmögliche. Deshalb sind rückwirkende Selbstvorwürfe nicht sinnvoll. Der Augenblick zählt. Dort dürfen wir uns auf uns verlassen. Ich habe mit meinen Klienten oft die Erfahrung gemacht, dass sie meinen, nicht zu wissen, wie sie sich entscheiden sollen. Ich sehe jedoch an nonverbalen Reaktionen, dass sie das durchaus wissen, sich aber nicht vertrauen oder sich nicht trauen.
Ohne zu zweifeln, brechen wir auch Regeln, wenn wir Schokolade naschen. Wenn uns der Appetit überkommt, knacken wir nachts die Reserven, auch wenn die Zähne bereits geputzt sind oder wir ja nach 20 Uhr nichts mehr essen sollen. Wir tun es einfach. Hatten Sie jemals Zweifel, ob Sie es schaffen, Schokolade zu kaufen, zu öffnen und zu essen? Ich schätze: **nie**. Sie kennen Ihre Fähig-

keiten genau und auch das gilt es, mitzunehmen in die neue Lebensstrategie. Seien Sie sich Ihrer Talente und Fähigkeiten bewusst und nutzen Sie sie. Es geht dabei auch nicht darum, was andere davon halten. Ob Sie »ausreichend« intelligent, kreativ, organisiert … sind. Für das, was Sie wollen, im Leben oder beim Schokolade-Essen, passen **Sie** genau. Andere dürfen es für sich anders machen. Das ist das Wunderbare: Jeder ist anders, macht es anders und freut sich an anderem. So kommen wir uns nie in die Quere und nehmen niemandem etwas weg, wenn wir gut für uns sorgen.
Ach ja, und hören Sie bitte unbedingt auf, Reste oder Falsches zu essen. Weil es eben da ist, weil es weg muss oder weil es Geld gekostet hat. Dazu sind Sie nun wirklich zu schade. Im Übrigen setzt sich dieses Verhalten auch oft in anderen Lebensbereichen fort, zum Beispiel indem Sie immer wieder das tun, was sonst niemand machen will.

Gute Ziele zergehen wie Lieblingsschokolade auf der Zunge

Das bringt uns zum wichtigsten Thema dieses Abschnitts. Wer wollen Sie sein? Wie wollen Sie leben? Was wollen Sie erreichen? Ich könnte auch sagen: Wir sind beim Thema Ziele, Wünsche, Visionen angekommen.

An dieser Stelle möchte ich Sie darauf aufmerksam machen, dass wir beim Schokolade-Essen ganz unbewusst Werkzeuge erfolgreicher Zielerreichung nutzen:

- Wir wissen genau, was wir wollen.
- Wir wissen auch, wann (heute Abend beim Tatort Schokolade naschen).
- Wir wissen, was dabei das Beste für uns ist (Haselnuss!).
- Wir haben Bilder im Kopf, mit denen wir die Zielerfüllung vorwegnehmen (Ich sehe mich auf dem Sofa, wie ich in die Packung greife und es mir gemütlich mache).
- Wir haben keinerlei Zweifel, dass es so kommt.
- Wir tun, was dazu notwendig ist (rechtzeitig einkaufen, genug zum Naschen kaufen, den Fernseher rechtzeitig anschalten).

Warum tun wir uns damit in anderen Lebensbereichen so schwer? Setzen Sie diese Prinzipien ab heute überall um. Besonders wichtig für den Erfolg ist die Begeisterung. Ohne die sind wir nur halbherzig bei der Sache. Nutzen Sie Ihre Begeisterung als Prüfkriterium dafür, ob Sie sich auf den Weg zu einem Ziel machen sollten. Viel zu häufig nehmen wir uns etwas vor, das gar nicht zu uns passt, das jetzt nicht passt oder wofür wir einen zu hohen Preis zahlen. Wir könnten viel Energie sparen, wenn wir uns das vorher ansehen und bessere Entscheidungen treffen würden.
Hören Sie also künftig mehr auf Ihren Bauch, die Stimme der Emotionen. Wenn Sie sich vorstellen, heute Abend etwas Bestimmtes, Leckeres zu naschen, dann können Sie es schon vorher sehen, riechen, schmecken, das wohlige Bauchgefühl empfinden. Der Körper sendet untrügliche Zeichen, ob es passt oder nicht. Wir können ihn nicht manipulieren. Erzählt jemand von etwas, das Sie nicht so mögen, tut sich nichts in Ihrem Bauch und Sie wissen, dafür lohnen sich die Anstrengungen nicht. Ja, wir können sogar noch weiter gehen: Oft wissen wir, wenn wir uns etwas wünschen, das im Grunde nicht zu uns passt, schon bei der bloßen Vorstellung davon oder wenn wir es nur ansehen, dass es uns nicht schmecken und bekommen wird. Kaufen oder tun wir es

dann doch, geht das regelmäßig schief. Mir geht es oft so mit Schokoladenkuchen. Er duftet so verlockend, aber wenn ich den dicken Teig dann genauer ansehe, weiß ich, den mag ich nicht. Und richtig: Oft lasse ich, wenn ich den Kuchen doch gekauft habe, das Stück nach dem zweiten Bissen stehen.
Neben der Wohlfühlbewertung Ihrer Ziele ist also ein weiteres Prüfkriterium, ob Sie sich diese vorstellen können. Bewusstsein und Unterbewusstsein, Bilder und Emotionen müssen zusammenpassen. Falls Sie sich ein Ziel nicht vorstellen können, braucht es vielleicht ein bisschen Übung. Oder das Nichtvorstellenkönnen ist ein wichtiges Zeichen, dass Ihr Gehirn keine Ahnung hat, wie Sie es erreichen sollen – weil es einfach nicht zu Ihnen passt.

Sagen Sie sich selbst das Richtige

Das Aufsagen oder Aufschreiben von Formeln, so genannten Affirmationen, mit denen im Selbstcoaching viel gearbeitet wird, nützt nur etwas, wenn sie wirklich zu uns passen. Denn nur dann tritt der gewünschte Effekt auch ein!
»Alles an mir ist wunderbar, ja, das ist sonnenklar.« Das ist eine Affirmation von Bärbel Mohr[20], die Ihnen hoffentlich gefällt. Ich mag sie! Wenn Sie sich auf diese wundervolle Weise und ganz ohne Zweifel wertschätzen, heißt das auch, dass Sie Individualität nicht nur beim Schokoladenkonsum umsetzen.

Vielleicht ist Ihnen schon aufgefallen, dass es stets einen Abgleich zwischen bewussten und unbewussten Wünschen gibt. Wenn wir falsche Kompromisse machen, dann sind wir nicht richtig zufrieden und froh. Es bleibt ein kleiner Rest an Unbehagen.
Apropos gute Gefühle. Wenn wir künftig nach der Schokoladenstrategie leben, ist es wichtig, dass wir Spaß nicht erst am Ziel erwarten, sondern dass wir Spaß schon auf dem Weg zum Ziel haben. So wie Sie auch auf dem Weg zur Kaufhalle schon Vorfreude empfinden, weil es später **Ihre** Schokolade geben wird. Viele Ziele scheitern daran, dass der Weg keinen Spaß macht, und wir glauben dann, die Ziele sind schuld. Es sind jedoch nicht die Ziele an sich, sondern die falschen oder nicht passenden Ziele. Die Wunschfigur ist an sich ein gutes Ziel, nicht aber ein Weg des Darbens. Deshalb wird dieser dann abgebrochen oder spätestens am Ende alles wieder über den Haufen geworfen.
Gute Gefühle werden auch durch die Wahl der richtigen Mittel erreicht. Wenn es um Gemütlichkeit geht, wird eine normale Schoko reichen. Für Belohnung passt die Lieblingssorte besser. Für Trost darf es auch die Familienpackung sein. Je besser Sie wissen, worum es wirklich geht, umso besser können Sie das Richtige für sich tun.
Stellen Sie Spielregeln auf, die Sie gern einhalten. Sonst tun Sie das, was getan werden soll, ja doch nicht. Ich beobachte immer wieder im Zug oder Flugzeug, wie Frauen (und nur diese) mit einem Seufzer und »ich sollte ja eigentlich nicht« zur kostenlos gereichten Schokolade greifen, die von durchschnittlicher Qualität und der blanke Zucker ist. Sagen Sie **Ja** oder **Nein**. Meinen Sie es – und halten Sie sich daran. Dann erreichen Sie ganz bestimmt Ihre Ziele.
Verteidigen Sie Ihre Wünsche, Ziele und Ihren Lebensstil, so wie Sie sich auch Ihre Schokolade nicht wegnehmen oder schlecht machen lassen! Es geht um Sie, es ist **Ihr** Leben.

Kleine Helfer: mehr Individualität

1 Verfolgen Sie Ihre Geschichte

Was hat Ihnen als Kind gut getan, was mochten Sie? Schauen Sie mal in alte Tagebücher oder Zeugnisse, fragen Sie Ihre Familie. Aktivieren Sie etwas davon.

2 Beschreiben Sie, wer und wie Sie gern sein möchten

Greifen Sie zum Stift und lassen Sie Ihre Gedanken einfach fließen. Im Schreiben zeigt sich manches Verborgene. Keine Bewertungen. Suchen Sie etwas davon aus und leben Sie es.

3 Erkennen Sie Ihre guten Eigenschaften

Was zeichnet Sie aus? Welche guten Eigenschaften haben Sie Ihrer Meinung nach, zum Beispiel Ehrgeiz, Freundlichkeit oder Hilfsbereitschaft? Schreiben Sie Listen und ergänzen Sie diese immer wieder.

4 Definieren Sie Ihre Stärken

Überlegen Sie doch mal: Was können Sie besonders gut, was machen Sie sozusagen mit »links«? Zum Beispiel Excel-Tabellen erstellen, sich in andere hineinversetzen, jemandem etwas erklären … Tun Sie mehr davon im persönlichen und beruflichen Alltag.

5 Leben Sie in Ihrem eigenen Rhythmus

Viel-Esser, Wenig-Esser, Nachtschwärmer oder Frühaufsteher: Es gibt ganz viele konstitutionelle Besonderheiten. Berücksichtigen Sie Ihre individuellen Eigenschaften, um sich wohlzufühlen.

6 Fragen Sie andere, was sie an Ihnen schätzen

Anderen fällt manches an uns auf, was für uns selbstverständlich ist. Fragen Sie nach – und setzen Sie Ihre Vorzüge gezielt ein.

7 Nutzen Sie Ihr Bauchgefühl

Ihr Körper zeigt Ihnen ganz schnell und klar, was zu Ihnen passt. Wenn Sie eine Entscheidung treffen müssen, schließen Sie die Augen, lauschen Sie auf die Zeichen des Körpers, und nehmen Sie sie ernst.

8 Essen Sie, wie es zu Ihnen passt

Warm oder kalt, viel oder wenig, kohlenhydratbetont oder eiweißbetont, schnell oder mit Aufwand zubereitet, süß oder salzig – entdecken Sie Ihr Optimum.

9 Legen Sie sich fest

Planen Sie Ihre Zukunft. Schreiben Sie auf, was Sie erhalten und was Sie verändern möchten und wie. Dann haben Sie klare Vorgaben, nach denen Sie sich im Alltag entscheiden.

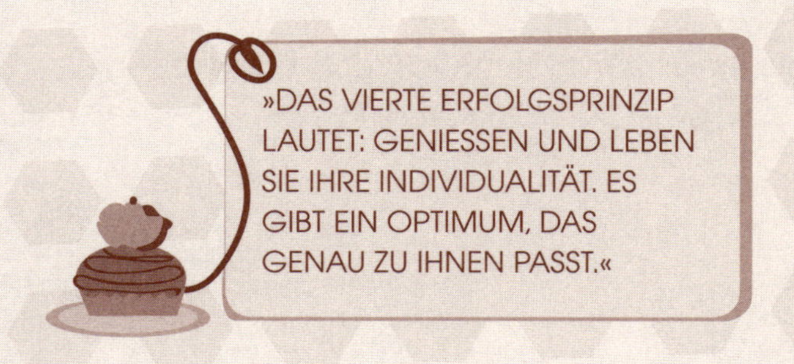

Sie sind dran

Treffen Sie eine Entscheidung!

Sagen Sie Ja zu Ihrem eigenen Lebensstil? Schließen Sie einen Vertrag mit sich selbst:

Ich erlaube mir, von nun an mein Leben zu leben und das zu tun, was zu mir passt und gut für mich ist.

....

Datum Unterschrift

Verhalten Sie sich neu:

Welche Wohlfühlkriterien gibt es für Sie? Unter welchen Bedingungen geht es Ihnen richtig gut (Wärme, Ruhe, im Team, abends ...)? Was können Sie öfter umsetzen?

....

....

....

Ihre neuen Erfahrungen mit Ihrer Entscheidung:

....

....

....

....

....

....

Die psychologischen Grundlagen: Warum Sie IHR Leben leben sollten

Egal, was Sie sich in Ihrem Leben wünschen, den perfekten Partner, eine befriedigendere Arbeit, die Wunschfigur oder mit dem Rauchen aufzuhören – Sie können die Schokoladenstrategie nutzen, um Ihre Ziele zu erreichen.

Sie brauchen als Allererstes ein lustvolles, attraktives Ziel, das wie ein Stück Lieblingsschokolade auf der Zunge zergeht. Denn Ziele, die prickeln, werden vom Gehirn mit einer Extraportion Dopamin, dem Wohlbefindenshormon, belohnt. Dopamin wird ausgeschüttet, wenn wir etwas tun, das dem Lernen und Überleben dient. Es ist immer an einen gewissen Überraschungseffekt, etwas Neues, Größeres, Spannenderes gebunden. Deshalb ist es auch leider so, dass wir beim zehnten Mal Haselnuss-Schoko weniger Spaß haben als beim ersten Mal. Der Mechanismus wird als mesolimbisches dopaminerges Belohnungssystem bezeichnet.

Dopamin wird immer gebildet, wenn wir etwas Kühnes, Großes im Leben wagen. Wenn wir über kühne Ziele und Wünsche sprechen, müssen wir auf einen Instinkt blicken, der uns gern einen Streich spielt: den Herdeninstinkt. Das Bedürfnis, dazuzugehören, ist meist stärker als die eigenen Bedürfnisse. Das führt dazu, dass wir uns so verhalten, wie es alle tun, und uns nicht trauen, einen eigenen Weg zu definieren. Anders zu sein impliziert die alte Angst, aus der Gemeinschaft ausgeschlossen zu werden, was in der frühen Geschichte des Menschen schnell den Tod bedeuten konnte. Heute natürlich nicht mehr, denn wir könnten ja ganz leicht nach Menschen suchen, die zu uns und unseren Plänen passen. Doch das machen Sie erst einmal Ihrem Gehirn klar. Hier haben Sie schon eine Hürde zu nehmen: wirklich zu erkennen, was zu Ihnen passt, was Ihre Wünsche sind und nicht die anderer Menschen.

Am wichtigsten aber ist es – und daran erkennen Sie die für Sie individuell passenden Wünsche und Ziele –, dass Ihre Ziele

Ihnen Freude bringen. Und zwar sofort, schon bei der bloßen Vorstellung davon. Freude wird vom emotionalen Gehirn unterstützt. Dort sitzt unsere wahre Kapazität. Alles was wir mit Freude tun, fällt leicht. Und was leichtfällt, gelingt. Produktivität, Zufriedenheit und Effizienz wachsen mühelos und messbar.

Vergleiche sind Glücksräuber

Enttäuschung oder Unzufriedenheit kennen wir leider viel besser als positive Gefühle. Eine Ursache dafür ist der Vergleich. Oder besser gesagt, die Art, wie wir vergleichen – nicht ermutigend, sondern verletzend: Wir schauen uns nicht um und finden uns durchschnittlich hübsch oder deutlich freundlicher als den Durchschnitt. Noch viel weniger sehen wir, wie reich und gesund wir sind – vor allem wenn wir es auf einen weltweiten Vergleich ankommen lassen. Sondern wir vergleichen uns grundsätzlich mit der einen, die es immer geben wird: die genau das hat, was wir uns wünschen.

Der Vergleich mit gesellschaftlich vermittelten Idealen ist besonders teuflisch, weil sie uns von früh bis spät begegnen und wir dadurch glauben, sie seien richtig. Wie etwa die berühmte Wunschfigur. Oder Gerechtigkeit. Oder Wohlstand. Dies alles sind Werte, für die es keine objektiven Kriterien gibt. Sie sind immer verhältnismäßig und ein Nichtgenügen peinigt uns deshalb endlos. Weil sich die Maßstäbe auch noch immer weiter verschieben, je näher wir dem vermeintlichen Ziel kommen.

Sehr destruktiv ist auch der Vergleich mit »früher«: Als es scheinbar leichter war, zu leben, sich zu verlieben, Freunde zu finden – und wir selbst fitter und gesünder waren. Kurzum: als alles besser und einfacher war. Diese Vergleiche tun immer weh und lassen ein Mangelbewusstsein entstehen.

Schon in der Kindheit entstehen Muster, nach denen wir als Erwachsene leben. Später kommen Einflüsse von außen hinzu, beispielsweise Schule, Gruppen, Medien.

Welche Schokolade soll es denn sein?

Im Coaching spielt das Thema Ziele heutzutage eine große Rolle. Ich selbst bin ein großer Freund davon, stelle ich doch in meiner Arbeit immer wieder fest, dass insbesondere wir Frauen kaum klare Ziele haben. Für viele birgt schon der Begriff »Ziel« immensen Druck. Gemeint ist damit jedoch, uns darüber klar zu werden, welche Schokolade wir wollen – und was wir im Leben wollen. Der Begriff Optimum vermittelt vielleicht besser, was gemeint ist. Deshalb verwende ich ihn gern.

Wohin will ich, was passt zu mir, was erfüllt mich? Die Wichtigkeit von Zielen oder Idealen für unser Leben leitet sich daraus ab, dass sie unserem Leben eine Richtung geben und wir dadurch leichter täglich dazu passende Entscheidungen treffen. Der Unterschied ist fühlbar: Reagieren wir immer nur auf das, was das Leben so bringt, oder agieren wir und haben das Steuer selbst in der Hand?

Ist Ihnen bewusst, dass Sie ganz sicher schon Ziele in Ihrem Leben hatten? Meist bezeichnen wir sie nur nicht so und verlieren es aus dem Auge, sie zu nutzen. In der Jugend überlegen wir, was uns das Leben bringen soll. Welchen Beruf, ob und was für einen Partner, einen Garten, ein Tier, Kinder und so weiter. Dann arbeiten wir darauf hin und in der Lebensmitte haben wir uns

wie gewünscht oder ähnlich etabliert – und dann ist plötzlich Schluss mit der Frage, wie wir künftig leben wollen.
Immer wieder wird in der Wissenschaft auch darauf verwiesen, dass die Erwartungen an Ziele und die damit verbundenen Erfolge viel zu hoch sind. Das Glück des Erfolges ist meist kurz. Oder wir können ihn gar nicht richtig genießen. Vielleicht, weil wir auf dem Weg dorthin zu viele Opfer gebracht, zu sehr geschufftet haben beziehungsweise hinter dem ersten Erfolg schon der weitere Weg zum nächsten Ziel wartete. Erfolg macht also nicht unbedingt glücklich. Wohl aber bringt Glück Erfolg. Sobald es uns gut geht, sind wir lockerer, folgen der Intuition, sind produktiver, unser Denkhirn arbeitet besser.
Falls Sie Ihre Ziele manchmal oder auch des Öfteren nicht erreichen, empfehle ich sich zu fragen, was Sie genau dafür getan haben. Ob Sie sie überhaupt erreichen konnten. Ich staune immer wieder, dass Klienten sich darüber ärgern, etwas, zum Beispiel Gewicht zu verlieren, nicht geschafft zu haben. Wenn ich dann genau nachfrage, wodurch und wie sie hätten abnehmen können, fällt schnell auf, dass sie sich weder Zeit für Sport oder Entspannung genommen haben noch einer Ernährungsstrategie außer »ich muss aufpassen« gefolgt sind. So kann man nicht abnehmen. Sich dann zu ärgern, ist völlig überflüssig!
Konzentrieren Sie sich bei Ihren Zielen, Wünschen, Idealen auf das, was Sie selbst erreichen wollen und können – nicht auf die Erwartung anderer. Bleiben Sie dabei locker und machen Sie Ihr Wohlbefinden nicht vom Erreichen abhängig. Halten Sie mit einem Auge Ihre Lebensvision im Blick und sehen Sie mit dem anderen die Chancen des Augenblicks.
Apropos Chancen. Hier kommt ein Wort zum Umgang mit Gesundheitszielen. Sagen Sie besser nie einer Krankheit den »Kampf« an, weil Sie sich sonst zum einen auf die Krankheit konzentrieren und zum anderen in einer negativen Gefühlswelt landen. Investieren Sie lieber für und in die Gesundheit. Fühlen Sie den Unter-

schied? Die Konsequenz ist zum einen eine andere Wahrnehmung: Bei der stets stattfindenden Selektion von Informationen dominieren entweder Angst und Gefahr oder Zuversicht und Möglichkeiten. Zum anderen werden Körpervorgänge direkt beeinflusst. Freude ist beispielsweise das Wichtigste für das Immunsystem. Allzu oft erlebe ich, wie Kranke endlos im Internet nach Informationen über eine Krankheit suchen. Was passiert? Je größer die eigene Angst ist, umso mehr negative Informationen nimmt man wahr. Symptome, die man selbst noch gar nicht hat, werden plötzlich erwartet. Die Heilungschancen werden sorgenvoll betrachtet. Die Krankheit nimmt alles ein: Sprache (**mein** Diabetes) und Verhalten (immer vorsichtiger) und Erleben (immer schlechter). Das ist ein Teufelskreis. Gerade in solch einer Situation sollten Sie sich drauf konzentrieren, was Sie wollen, statt auf das, was Sie nicht wollen. Besser wäre es, in die eigene Überzeugung zu investieren, dass man ein Gesunder mit einem Symptom ist, und damit die Selbstheilungskräfte des Körpers mental und physisch anzukurbeln.

Nach dem Aufschreiben und Auswählen kommt der Schokoladentest. Sind die Ziele lecker? Wenn ja, folgt die Überlegung, was Sie für die Erreichung brauchen. Sammeln Sie Fakten, Informationen, Angebote, Konkretes, wie Sie vorwärtskommen und in welcher Reihenfolge dies zu tun ist. Richtig los geht es aber erst, wenn Sie vor sich sehen können, wie es sein wird, wenn Sie angekommen sind. Eben ganz genau so, wie es beim Schokolade-Essen von allein funktioniert.

Eine tolle Idee für die Visualisierung ist, entweder Bilder aus Zeitschriften zu sammeln und eine Art Wandzeitung oder Traumbuch zu gestalten. Oder noch besser, Sie erstellen eine Powerpoint-Datei mit lauter Bildern für Ihre Ziele, die allein läuft. Dazu hören Sie dann Ihre Lieblingsmusik und schwelgen darin täglich am besten gleich morgens. Sie werden sich nicht nur gut fühlen, sondern auch diesen Tag für sich und Ihre Ziele nutzen.

So geht es los

Nehmen Sie sich ausreichend Zeit, über Ihre Ziele, Ihr Optimum, nachzudenken. Zwei bis drei Stunden am Stück sind dafür durchaus nötig. Sehr angenehm ist es, dies zu Beginn eines Jahres zu tun. Suchen Sie sich eine Situation aus, in der Sie ungestört träumen können: Fragen Sie sich erst einmal, was toll wäre, was Sie sich wirklich wünschen würden, ohne schon zu wissen, wie das umzusetzen sein soll.

Nutzen Sie Fragen und Sätze, wie »Was wäre, wenn ich…?« oder »Wenn ich könnte, was ich will, dann würde ich…«. Oft erlauben wir uns kühne Ziele gar nicht erst, weil wir keine Ahnung haben, wie wir sie umsetzen können. Ein kleiner Trick, um die inneren Kritiker vorübergehend zum Schweigen zu bringen, ist hierbei, nach einem Modell Ausschau zu halten. Wenn ein Mensch das schon mal fertiggebracht hat, was Sie wollen, dann geht es erwiesenermaßen.

Denken Sie beim Aufschreiben Ihrer Ziele daran, genau das zu formulieren, was Sie wollen – und nicht das, was Sie nicht wollen. Das ist gar nicht so einfach, weil wir es manchmal nicht wissen. Also statt »ich werde nicht krank« besser »ich bin gesund«. Statt »ich ärgere mich nicht mehr so oft« besser »ich bleibe stets heiter«.

Nachdem Sie ein bisschen geträumt und aufgeschrieben haben, wählen Sie für alle Lebensbereiche nur ein Ziel aus, also beispielsweise eins für Gesundheit, eins für Finanzen, Arbeit, Beziehungen, **ich**. Unsere Disziplin, Kraft und Zeit sind begrenzt und es ist besser, sich auf wenig zu konzentrieren, als vieles ein bisschen anzugehen.

Umstritten ist, ob über Ziele gesprochen werden sollte oder nicht. Der Vorteil ist, dass man sich dann dazu bekennt und davon ausgeht, dass man sie auch erreicht. Der Nachteil ist, dass es eher Menschen gibt, die die Probleme sehen und uns dann vielleicht unsicher machen. Außerdem konnte gezeigt werden, dass Studenten, die ihre Ziele öffentlich machten, weniger für deren Erreichung taten.
Helfen wird Ihnen, sich die Vorteile eines Ziels und die möglichen Hindernisse im Voraus klarzumachen und abzuwägen. Entscheiden Sie sich dann, ob Sie das Ziel wirklich angehen wollen. Es gibt nur »Ja« oder »Nein«, kein vielleicht. Viel zu oft erlebe ich, dass »Versuche« wenig bringen und viel kosten. Machen Sie sich klar, dass Sie nichts davon abbringen kann, ein Ziel zu erreichen, für das Sie sich mit Kopf und Herz entschieden haben. Vielleicht dauert es länger, brauchen Sie Umwege, doch Sie sind bereit dazu. Überlegen Sie auch gleich noch Strategien für den Umgang mit zu erwartenden Hindernissen. Kleine »wenn – dann«-Sätze sind tolle Kraftgeber. Also etwas wie »Wenn ich von meinen Kollegen Kekse angeboten bekomme, dann sage ich danke, nein, ich esse nur dunkle Schokolade«.
Dr. Christa Herzog[21] ist Erfolgscoach in Österreich. Sie hat sich intensiv mit dem Erreichen von Zielen beschäftigt. Was wir bei ihr lernen können: Ein Wunsch bleibt ein Wunsch, wenn man sich die Realisierung nicht vorstellen kann, nicht darüber nachdenkt, wie man ihn verwirklichen kann, und nicht tätig wird. Klar, denn niemand ist bereit, sich für etwas zu engagieren, dessen Realisierung er sich nicht vorstellen kann. Die guten Emotionen bei den Vorstellungen bringen uns zum Tun. Sie sorgen auch dafür, dass wir mehr Möglichkeiten für das Tun wahrnehmen. Je mehr gute Energie in einem Ziel steckt, umso schneller kommt der Erfolg. Ziele dürfen keine inhaltlichen oder zeitlichen Diskrepanzen haben, sonst behindern sie sich gegenseitig, und sie müssen wirklich dem entsprechen, was wir wollen. Sonst funkt

das Unterbewusstsein ständig dazwischen. Meine Lieblingsinspirationen von ihr:
»Glauben Sie an sich selbst, kein anderer wird das für Sie tun.«
»Machen Sie es sich zur Gewohnheit, glücklich zu sein.«
»Das Leben ist so wunderschön und es kommt noch viel besser«.

Ein Lob der Disziplin

Wie gut, dass es die Glücksforschung gibt, die die Bedingungen oder Eigenschaften zum Glücklichsein untersucht und definiert. Dabei wird unter anderem erfasst, wie sich Personen mit bestimmten Eigenschaften im Laufe ihres Lebens entwickeln.
Haben Sie schon vom Longevity Project gehört?[22] Hierbei wurden über Jahrzehnte 1500 überdurchschnittlich intelligente, anfangs elfjährige Jungen und Mädchen untersucht. Die Daten wurden von Howard Friedman und Leslie Martin an der University of California ausgewertet. Sie stellten fest, dass Gewissenhaftigkeit und Disziplin die wichtigsten Garanten für Erfolg waren und man bei Erfolg im Beruf fünf Jahre länger lebte. Vitale Männer beispielsweise benannten Familie und Arbeit als wichtigste Aspekte im Leben – nicht vordergründig Müßiggang und Genuss. Ab 60 lebten produktive Männer und Frauen länger, gesünder, glücklicher als die Altersgenossen, die bis dahin nicht so zielstrebig, sondern eher entspannt gelebt hatten.
Das kennen wir doch irgendwoher? Genau, vom Schokolade-Essen. Wenn wir uns hierbei ab und an auch in Disziplin üben, macht sich das in größerem Genuss morgen bemerkbar. Wenn Sie beim Naschen gut überlegen, welchen Zweck es in diesem Moment erfüllen soll, können Sie die Effekte außerdem gezielt einsetzen. Wenn Sie lange arbeiten müssen, empfehle ich Schokolade mit grünem Tee, Sie werden munter bleiben. Ebenso gibt es die richtige Schokolade für alle möglichen anderen Lebenslagen: Falls Sie mit Reiseübelkeit zu kämpfen haben, Ingwerstäbchen mit Schokolade, der Magen kommt ins Gleichgewicht.

Wenn Sie das Blut Ihres/r Liebsten in Wallung bringen wollen – servieren Sie Schokolade mit Pfeffer oder Chili. Schokolade mit Nüssen stärkt besonders das Herz-Kreislauf-System.
Die Wissenschaftler Roy Baumeister und John Tierney haben sich mit Disziplin befasst.[23] Sie fanden unter anderem heraus, dass wir pro Tag drei bis vier Stunden lang damit beschäftigt sind, unterschiedlichen Versuchungen zu widerstehen. Dies gelingt uns gut bei Bedürfnissen nach Sex, einem Nickerchen oder Konsum. Beim Essen und Trinken wird es schon schwieriger und bei Themen wie dem Fernsehen, Internet und Social-Media-Interaktionen scheitern wir in der Hälfte der Fälle.
Ihre Erkenntnisse sind, dass wir ein- und dieselbe Willenskraft für alle möglichen Aufgaben benutzen. Doch unsere Willenskraft hat Grenzen und wird bei jeder Benutzung geschwächt. Durch ihre Erschöpfung verlangsamt sich die Aktivität der neuronalen Schaltkreise. Dann haben wir keine Kontrolle mehr. Gefühle und Bedürfnisse werden umso intensiver empfunden, je erschöpfter wir sind. Jeder Umgang mit Belastungen erfordert Selbstbeherrschung und dafür benötigt das Gehirn Zucker. »Wo keine Glukose ist, da ist auch kein Wille.« Das kennen wir doch: Je mehr wir uns in unserem Alltag beherrschen müssen, umso größer ist der Appetit auf Süßes.
Roy Baumeister und John Tierney raten deshalb, sich nicht zu viel auf einmal vorzunehmen: Also lieber Monatspläne als Tagespläne zu machen, um flexibler zu bleiben und bei To-do-Listen ganz konkrete Aktionen aufzuschreiben. Also: Steuerberater anrufen statt Steuererklärung machen. Sonst sind die Ziele zu groß, wir wissen nicht, wie es funktionieren soll – und lassen es ganz. Zum Training der Willenskraft reicht es, an der Veränderung **einer** gewohnheitsmäßigen Verhaltensweise zu arbeiten.
Sie sehen, wie wichtig es ist, sich selbst treu zu sein. Wenn Sie schon vorab entscheiden, was Sie tun wollen, was tatsächlich zu Ihnen und Ihrem Leben passt, dann müssen Sie sich weniger oft

überwinden und kontrollieren – und verlieren keine wertvolle Energie für sinnlose Kämpfe. Treffen Sie deshalb Ihre Entscheidung: Ich entscheide mich dafür, zu definieren, was mein optimales Leben ist.
Die gleiche Individualität dürfen Sie bei Plänen und Strategien für Ihre Lebensträume umsetzen. Jeder Alltag sieht anders aus, jeder von uns hat andere Gewohnheiten, und so wird für den einen zum Beispiel mehr Struktur, für den anderen eher Kreativität nötig sein.

Die zehn leckersten Ideen für die Umsetzung: Die INDIVIDUALITÄT im Alltag leben

Sie wissen nun schon, dass an dieser Stelle Vorschläge zu konkreten Verhaltensalternativen folgen. Falls zu einem Sie interessierenden Thema hier keine passende Idee dabei ist, fragen Sie doch einfach einmal eine Freundin, welche Ideen sie hat. Jeder Perspektivwechsel hilft für eine Verhaltensänderung.

Ich nasche nur das, was mir bekommt.

Wie ist es, wenn …
… Sie nach einem Besprechungsmarathon Kaffee und Kekse angeboten bekommen und Ihr knurrender Magen nach Arbeit ruft?

Sie entscheiden:

Sie können nicht mehr denken, wenn Sie nicht gleich etwas essen. Auch wenn Sie von den Keksen Sodbrennen bekommen und der Heißhunger auf dem Fuß folgt, das muss jetzt mal sein.

Oder:

Sie können nicht mehr denken, wenn Sie nicht gleich etwas essen. Wie gut, dass Sie vorbereitet sind, weil Sie das Problem mit den Besprechungen schon kennen.

Sie handeln:

1, 2, 3, 4, 5 … Kekse wandern in den hungrigen Magen und in der Küche warten noch mehr. Anschließend ärgern Sie sich, weil Sie sich nichts Gutes getan haben.

Oder:

Sie packen Nüsse und Schokolade aus, die Sie immer dabei haben, bieten etwas an und genießen langsam Ihre liebsten Sorten. Abends schreiben Sie in Ihr Erfolgstagebuch, dass Sie sich gut entschieden haben.

Ich lasse mich und meine Lieblingsschoko, wie wir sind.

Wie ist es, wenn ...
... Sie schon wieder eine Mail erreicht mit Angeboten für Zeitmanagementkurse? Sie sind schließlich der Typ »auf den letzten Drücker« und würden gern besser organisiert sein.

Sie entscheiden:

Also los. Augen zu und durch. Zwar sträuben sich Ihnen schon die Nackenhaare, wenn Sie etwas von Checklisten und Planung lesen, doch offenbar gehört das heutzutage einfach dazu.

Oder:

Sie nehmen Ihre bisherigen Fehlversuche mit solchen Kursen ernst und wissen, zu Ihnen passt das nicht. Sie sind ein kreativer Chaot und arbeiten lieber daran, die eigenen Organisationsmöglichkeiten mit individuellen Strategien zu verbessern.

Sie handeln:

Sie melden sich an, quälen sich durch einen Kurs. Das Kursbuch legen Sie weg, bevor Sie es auch nur zur Hälfte gelesen haben, und die Prioritätenlisten für die Arbeit führen Sie unter großer Anstrengung vier Wochen. Sie ärgern sich über sich selbst.

Oder:

Sie leiten die E-Mail an jemanden weiter, der mehr damit anfangen kann, und googeln lieber mal schnell, welche Angebote es für kreative Chaoten gibt.

Ich frage mich täglich einmal, was ich dafür tun kann, dass es mir gut geht.

Wie ist es, wenn ...
... Ihr Unternehmen in Messevorbereitungen steckt, es Personalengpässe gibt, Sie seit Wochen zu viel arbeiten und kaum Pausen haben?

Sie entscheiden:

Ihr Chef müsste doch endlich mal sehen, was hier los ist. Sie sehen alle völlig überarbeitet aus, bestimmt fällt bald der Erste um.

Oder:

Selbst ist die Frau. Sie selbst sind für sich und Ihr Befinden verantwortlich, niemand sonst. Egal wie viel los ist, Sie müssen auf sich achten. Denn wenn es Ihnen nicht gut geht, sind Sie nicht leistungsfähig und machen sogar mehr Fehler.

Sie handeln:

Sie lassen immer mal eine Bemerkung fallen, wie unmöglich das ist, was hier läuft, und schimpfen auch abends zu Hause kräftig über die Firma.

Oder:

Sie überlegen jeden Tag kurz, welche kleine Freude oder Erholung möglich ist. Auch wenn Sie dafür fünf Minuten eher aufstehen oder einmal Nein sagen müssen: Sie denken an sich.

Ich klopfe mir regelmäßig selbst auf die Schulter.

Wie ist es, wenn ...
... das Prinzip in Ihrer Familie lautet: »Nicht getadelt ist genug gelobt«?

Sie entscheiden:

Es ist, wie es ist, so sind sie eben. Irgendwann wird Ihr Vater/Ihre Mutter noch bedauern, dass er/sie Sie nie gelobt hat.

Oder:

Es ist wie es ist, so sind Ihre Eltern eben. Sie selbst sehen, was Sie leisten, und würdigen das.

Sie handeln:

Sie lassen in vorwurfsvollem Ton immer mal Andeutungen fallen und bedauern, keine anderen Eltern zu haben.

Oder:

Sie schreiben Ihre Erfolge nicht nur regelmäßig auf, sondern erzählen sie auch ohne Erwartungen an die Reaktionen der anderen gern und klopfen sich so immer mal selbst auf die Schulter.

Ich bin ein(e) Schokoladenliebhaber(in), und das ist gut so.

5

Wie ist es, wenn ...
... Sie von Ihrer Familie oder Ihren Freunden immer wieder für Ihre Schokoladenvorliebe geneckt werden – gern auch unter Hinweis auf die Kalorienzahl?

Sie entscheiden:

Schokolade ist toll, aber die anderen haben recht: Immer wieder nehmen Sie sich vor, weniger zu naschen, versuchen es mit Gemüsesticks ... Vielleicht brauchen Sie eine Hypnose?

Oder:

Manchmal beneiden andere Sie vielleicht auch nur, weil Sie einfach das tun, was für Sie gut ist. Warum sollten Sie sich etwas vornehmen, das nicht realistisch ist, und dafür etwas tun, das Ihnen keinen Spaß macht?

Sie handeln:

Ab morgen wird alles anders. Sie haben mal wieder ein Programm gefunden, das helfen soll, weniger zu naschen. Sie haben viel Gutes darüber gehört. Vielleicht hilft es.

Oder:

Sie pflegen Ihre Vorliebe, lernen mehr über neue Sorten und probieren viel aus. Damit das alles nicht auf die Hüften wandert, genießen Sie Sorten mit mindestens 70 Prozent Kakao. Schokolade bleibt Ihre Leidenschaft.

Ich kenne meine Schokoladenseiten und setze sie zum Nutzen aller ein.

Wie ist es, wenn ...
... der Chef in der Teambesprechung darum bittet, dass sich jemand eines schwierigen Kunden annimmt, der sich gerade mal wieder lautstark über etwas beschwert hat?

Sie entscheiden:

Wegsehen und hoffen, dass es Sie nicht trifft. Warum sollten Sie solch unangenehme Arbeit übernehmen? Die anderen sind auch mal dran. Vor allem derjenige, der etwas verbockt hat.

Oder:

Na, das ist doch wie geschaffen für Sie. Sie können sich super auf andere einstellen und Situationen deeskalieren. So können Sie etwas für den guten Ruf der Firma tun. Wunderbar.

Sie handeln:

Sie schreiben konzentriert in Ihrem Kalender, bis der Krug an Ihnen vorüber gegangen ist und der Chef jemanden bestimmt, der diesen Strafauftrag mehr schlecht als recht erledigen wird.

Oder:

Schon melden Sie sich und machen allen eine Freude. Am meisten dem Kunden, der Sie in guter Erinnerung behalten wird.

Ich unterscheide, was ich will und was ich brauche.

Wie ist es, wenn …
… Sie ein Angebot von Ihrer Firma bekommen, internationale Aufgaben zu übernehmen? Dafür gibt es einen wahren Quantensprung im Gehalt – und Sie müssen 50 Prozent des Jahres ohne Ihre Familie unterwegs sein.

Sie entscheiden:

So viel wollten Sie schon immer mal verdienen. Das ist die Chance. Wenn Sie sie nicht nutzen, kommt so etwas nie wieder. Die Familie wird schon klarkommen. Das ist ja nicht für ewig.

Oder:

Brauchen Sie wirklich so viel Geld, wenn Sie dafür Ihre Familie nicht mehr regelmäßig sehen? Sie wünschen sich Geborgenheit und Liebe, und die kann Ihnen kein Hotelzimmer geben.

Sie handeln:

Sie machen mit Ihrer Familie einen Plan, wie Sie alles unter einen Hut bringen, und sagen in der Firma zu, wenn auch mit ein bisschen Unsicherheit.

Oder:

Sie sagen Ihrer Firma, dass Sie gern weiterkommen möchten, aber dieses Angebot nicht optimal für Sie ist, und stoßen darauf mit Ihrer Familie an.

Ich sage Ja oder Nein statt Vielleicht.

Wie ist es, wenn ...
... Ihr Partner oder eine Freundin vorschlägt, doch am Wochenende gemeinsam einen Ausflug zu machen, Sie viel zu müde sind und endlich einmal ausruhen und die Beine hochlegen möchten?

Sie entscheiden:

Er oder sie müsste doch wissen, dass Sie keine Ausflüge nach einer anstrengenden Woche mögen. Warum fragt er/sie immer wieder? Aber Sie wollen ja auch nicht der Spielverderber sein.

Oder:

Sie möchten nicht der Spielverderber sein. Doch Sie müssen mit Ihren Kräften haushalten. Wenn Sie sich zu dem Ausflug zwingen, hat keiner etwas davon und Sie müssen es am Montag ausbaden.

Sie handeln:

Sie sagen erst einmal »vielleicht« – und hoffen, dass Sie davonkommen. Es könnte ja auch in Vergessenheit geraten.

Oder:

Sie sagen: »Nein. Danke für die nette Idee. Aber ich bin einfach zu müde. Fahr doch allein. Wir können uns ja danach zum Abendessen treffen.«

Ich bin Vorbild für das, was mir wichtig ist.

Wie ist es, wenn …
… Sie gerade viel zu tun haben und ausgerechnet dann ein Meeting angesetzt wird, das endlos dauern wird und nicht interessant für Sie ist?

Sie entscheiden:

Dann nehmen Sie eben Ihren Blackberry mit und bearbeiten wenigstens die E-Mails nebenbei.

Oder:

Sie schätzen Konzentration und leben dies vor. Sie prüfen, wie lange Ihre Anwesenheit nötig ist, und wissen, dass Sie effizienter sind, wenn Sie Ihre E-Mails später am Stück bearbeiten.

Sie handeln:

Sie schauen während des Termins immer wieder deutlich auf die Uhr und lesen immer wieder Ihre Mails. So wichtig ist das Meeting ja nicht.

Oder:

Sie fragen nach, wann Sie benötigt werden, weil Sie gerade schlecht abkömmlich sind, nehmen sich eine effektive Stunde für das Meeting und konzentrieren sich dann wieder auf Ihre Arbeit.

Ich überlege, was ich will, statt darüber nachzudenken, was ich nicht will.

Wie ist es, wenn …
… Ihr Partner und Sie immer wieder darüber streiten, dass er Sie scheinbar nicht ernst nimmt, wenn Sie von Ihren beruflichen Problemen berichten?

Sie entscheiden:

Es ist zum Verzweifeln, er nimmt Ihre Probleme einfach nicht ernst. Vielleicht sollten Sie ihm noch deutlicher zeigen, wie sehr Sie das trifft und dass Sie so nicht weitermachen wollen.

Oder:

Sie überlegen, was für Sie das optimale Verhalten Ihres Partners wäre. Sie anschauen, während Sie sprechen, Ihre Hand halten, Sie nicht unterbrechen? Oder woran würden Sie erkennen, dass er zuhört und Sie ernst nimmt?

Sie handeln:

Sie halten Ihre Tränen das nächste Mal nicht mehr zurück und werden immer lauter, während Sie Ihre Beschwerde anbringen.

Oder:

Sie setzen sich in einer ruhigen Minute mit Ihrem Partner zusammen und erklären, was Ihnen wichtig ist: Wie soll er sich verhalten, wenn Sie über Ihre Arbeit reden? Sie vereinbaren zum Beispiel, dass er Ihnen künftig vor dem Abendessen zehn Minuten nur zuhört, ohne Ratschläge zu erteilen oder fernzusehen.

Zutat Nr. 5:

Tun Sie guten Gewissens das BESTE für sich selbst

Wir steigern uns langsam, merken Sie es? Haben wir in den vorangegangenen Kapiteln Voraussetzungen und Grundlagen für das Leben auf der Schokoladenseite geschaffen, setzen wir dem Konzept nun die Krone auf. Wir werden uns vom schlechten Gewissen verabschieden und eine neue Haltung zu uns selbst einnehmen. Freuen Sie sich darauf, sich wichtig zu nehmen.

Auf einen Blick

Darum geht es

Gönnen Sie sich etwas: Das Leben macht nur glücklich, wenn man es in vollen Zügen genießt, ohne schlechtes Gewissen, ohne dauernde innere Verbote.

Das BESTE ist genau richtig: Lassen Sie es sich unerhört gut gehen

Ritualisieren Sie das gute Leben. Beginnen Sie bei sich und verwöhnen Sie sich zuerst. Freuen Sie sich auf lebenslange Schokoladenseitenarbeit.

Das BESTE für Sie im Alltag

Das Beste ist für jeden etwas anderes. Denken Sie das Beste, essen Sie das Beste, geben Sie Ihr Bestes.

Die praktischen Grundlagen für Genuss ohne Reue und die Entscheidung für das BESTE

Was halten Sie von der recht schmackhaften Überlegung, dass das Beste gerade richtig für Sie ist? Starten Sie damit bei der Auswahl der Schokoladensorten. Denken Sie an alle Sinne, sowohl beim Schokoladeneinkauf und -verzehr als auch im Leben. Ihre Augen können sich an geschmackvoll gestalteten Verpackungen laben. Die Nase nimmt den Duft beim Betreten einer Chocolaterie auf. Hören und fühlen Sie, wie verführerisch das Seidenpapier raschelt, schon lange bevor Ihr Gaumen Sie für Ihre sinnlichen Vorbereitungen belohnt. Variieren Sie zwischen Verzicht und Übertreibung, beides gehört zum Genuss. Schaffen Sie Raum und Zeit, also Möglichkeiten für Genuss. Dies gelingt am leichtesten, wenn Sie diesen wichtig nehmen. Wenn Sie sich selbst wichtig nehmen.
Entscheiden Sie sich bewusst für alles, was Sie tun oder lassen. Für die Sorte, Menge, Tageszeit und Art, wie Sie Schokolade essen. Und ebenso für das, was Sie in Privat- oder Berufsleben tun. Erfreuen Sie sich stets an der Gewissheit, in jeder Situation eine Wahl zu haben: Schokolade zu essen oder nicht, zur Massage zu gehen oder Fenster zu putzen, fernzusehen oder Sport zu treiben.

Aber bitte mit Sahne

Das sahnige Geschmackserlebnis ist einer der Hauptgründe, warum wir Schokolade so lieben. Das trifft aber nicht nur auf Schokolade, sondern auch auf anderes Essen zu. Fett ist der beste Geschmacksträger überhaupt und deshalb schmeckt uns oft fettreduziertes Essen viel weniger gut. Wenn diesem nicht Aromen, Emulgatoren, Zucker oder Salz zugesetzt werden würden, könnten wir manches davon gar nicht essen. Unser Verstand führt uns zur Fettreduktion, weil wir gelernt haben, das sei gesünder und besser für die Figur. Die Realität sagt etwas anderes: Da essen wir von den fettreduzierten Kunstprodukten dann mehr, weil wir nicht satt werden. Nehmen trotzdem zu, weil Fettverzicht nicht einfach schlank macht, und haben auch nicht wirklich Spaß. Das heißt, wir folgen einer Strategie, die keinen Spaß macht und auch nicht das bringt, was wir wollen – und machen trotzdem weiter. Kommt uns das nicht auch aus anderen Lebensbereichen bekannt vor?

Zurück zur Sahne heißt die Lösung. Zurück zum vollen Genuss bei dem, was wir tun. Dann tun wir es viel erfolgreicher, brauchen keinen Heißhunger und bleiben von ganz allein dran. Sie kennen doch sicher den Spruch »Erst die Arbeit, dann das Vergnügen«. Lassen Sie ihn uns einfach umdrehen: Erst das Vergnügen, dann die Arbeit. Oh, da sehe ich schon Ihr Erschrecken, was dann wohl aus uns werden wird, wenn jeder tut, was er will, und wir nicht mehr diszipliniert sind!

Ich denke, wir hätten lauter glückliche Menschen um uns. Sie würden wahrscheinlich nicht einfach nur funktionieren wie bisher, sondern manche Dinge nicht mehr tun. Dafür werden diese aber von anderen getan, denen genau diese Spaß machen. Die Welt könnte sich neu sortieren, wenn jeder am richtigen Platz wäre. Wir würden ja nicht aufhören zu arbeiten, Essen zu kochen oder den Gehweg vom Eis zu befreien. Wir würden es mit mehr Vergnügen tun, und dann geht es schneller und effizienter. Sie kennen das ganz sicher selbst. Wenn Sie etwas mit Freude tun, schütteln Sie es regelrecht aus dem Ärmel. So darf es sein. Der Effekt spricht für ein gutes Gewissen. Falls Ihnen hier Zweifel durch den Kopf geht, wer aus Ihrer Familie wohl gern den Müll wegbringt, haben Sie sicher Recht, dass das niemand ist. Natürlich wird es Dinge geben, die zu unserem Alltag gehören und eben getan werden müssen. Ich bin mir allerdings sicher, dass dies viel weniger sein kann, als wir jetzt annehmen, und die Relationen sich verändern dürfen.

Wenn wir über die Möglichkeit sprechen, nach dem Besten für uns selbst zu suchen, höre ich immer wieder die Sorge, dass wir egoistisch werden würden. Ist das vielleicht ein Argument, mit dem wir bisher davon abgehalten wurden, gut für uns zu sorgen? Gut für sich sorgen, heißt doch nicht, schlecht für andere zu sorgen. Im Gegenteil: Erst dann, wenn unsere eigenen Grundbedürfnisse befriedigt sind, können wir uns überhaupt anderen zuwenden. Andernfalls zwingen wir uns eher, schöpfen aus unseren ohnehin leeren Tanks und versuchen Kraft, Energie, gute Laune, Aufmerksamkeit zu geben, die wir gar nicht haben. Wir verbrauchen sorglos unsere Ressourcen, als ob wir endlos davon hätten. Haben wir nicht. Wir müssen unsere Tanks auch füllen. Die roten Alarmleuchten für die leeren Tanks gehen bei immer mehr Menschen an, und wir müssen handeln. Essen Sie mal wieder fette Schlagsahne. Das ist ein Anfang.

Genuss braucht Achtsamkeit: Wege zu mehr Lebensfreude

Was würde mit Ihrer Lieblingsschokolade geschehen, wenn Sie sie zu kalt oder warm lagern, die Verpackung geöffnet lassen oder sie über Jahre ignorieren? Genau. Sie würde unbrauchbar. Bedenken Sie das, wenn Sie Ihren Alltag gestalten.

Sind Sie nicht mindestens so fragil wie Schokolade? Wertvoll in jedem Fall! Ich fürchte, was wir mit uns selbst manchmal machen, würden wir keiner Schokolade antun. Denken wir also um und suchen nach Wegen, um unsere Tanks der Lebensfreude, Energie, Gesundheit, Leistungsfähigkeit zu pflegen und aufzufüllen. Hier kommen Ideen für Sie.

Erholen Sie sich regelmäßig. Mit Erholung sind nicht Fernsehen, Einkaufen oder Computerspiele gemeint. Wir erholen uns am besten, wenn wir etwas tun, das wir sonst nicht tun. Wer viel am Computer sitzt, sollte sich also beispielsweise mit Gartenarbeit beschäftigen, singen oder stricken. Definieren Sie, wie Sie sich am besten mit voller Aufmerksamkeit erholen und wann Sie das in Ihren Tagesablauf einplanen. Und nicht vergessen: Die besten Pläne nützen nichts, wenn sie im Alltag nicht umgesetzt werden!

Unsere Ängste, Sorgen, Zweifel, Unzufriedenheit und Unruhe entstehen im Kopf. Wellness, Massagen und Sport tun kurzfristig gut, helfen vor allem dem Körper, sich zu entspannen. Doch häufig können wir das nicht einmal genießen, weil in unserem Kopf das Gedankenkarussell sogar während der Behandlung weiter kreist. Deshalb müssen wir etwas für den Geist tun, wenn wir uns besser fühlen wollen.

Wir leben in einer hoch rationalisierten Umwelt, sodass die Suche nach oder die Rückkehr zu spirituellen Werten als Gegengewicht immer bedeutsamer wird. Die Funktionalisierung der Gesellschaft schreitet voran, es gibt immer weniger Freiräume und Rückzugsmöglichkeiten. Wir wollen sieben Tage die Woche einkaufen, können rund um Uhr im Internet Informationen abrufen, selbst wenn wir krank sind, gehen wir arbeiten, und im Urlaub hängen wir mit einer virtuellen Nabelschnur am Büro. Wir erfüllen in immer kürzerer Zeit immer mehr Aufgaben – und unser Bewusstsein ist nie im Augenblick, sondern stets getrieben zu einem Ziel hin.

Bedeutsam für unser Wohlbefinden ist vor allem die Tendenz unseres Gehirns, sich auf Probleme, Sorgen, Schwierigkeiten zu konzentrieren, so dass uns eine Parallelwelt im Kopf unruhig,

ängstlich, ärgerlich oder hilflos macht. Wir spüren das und sind auf der Suche nach Lösungen.
Es gibt viele Techniken, Körper und Geist zu entspannen. Sie haben vielleicht schon – neben dem Schokolade-Essen – Methoden wie Autogenes Training, Progressive Muskelrelaxation oder Yoga ausprobiert. Jede Methode wirkt. Aber keine passt für alle gleich gut. Auch dabei gilt wieder, auszuprobieren und zu beobachten, was **Ihnen** gut tut.
Ich bin ein Freund der Meditation. Auch wenn die Anwender der Meditation sich etwas wünschen wie Entspannung oder Konzentration, hat Meditation kein Ziel. Sie dient der Beobachtung der Gedanken und Körpervorgänge. Meditation will auch nichts verändern, auch nicht negative Gedanken, sondern hilft, sich auf den Augenblick und sich selbst zu konzentrieren.
Fangen Sie im Alltag an, sich auf das zu konzentrieren, was sie gerade tun, ganz im Augenblick und absichtslos zu sein. Das bedeutet also im Alltag auch, sich auf das Polieren der Gläser einzulassen und sie um des Polierens willen zu polieren, nicht um Sauberkeit zu erreichen.
Diese Art Achtsamkeit empfehlen bekannte Meditationslehrer wie Thich Nhat Hanh.[24] Ganz leicht auszuprobieren ist das Zählen. Zählen Sie von 100 rückwärts bis 0. So oft, wie es Ihnen gefällt. Durch das Rückwärtszählen verringert sich die Frequenz unserer Gehirnwellen, wir kommen in einen Zustand wacher Entspanntheit.
Bei der Mantra Meditation wird mit einzelnen Worten gearbeitet, die die unruhigen Gedanken einfangen helfen, zum Beispiel Liebe. Was würde wohl bei einer Meditation mit dem Wort Schokolade geschehen? Mit Sicherheit entstünde mindestens ein Lächeln.
Sie können Gedichte gedanklich wiederholen oder geführte Meditationen nutzen. Meine Lieblings-CD zu dieser Meditationsform stammt von der buddhistischen Nonne Ayya Khema.[25]

Jeder, der meditiert, muss Hindernisse überwinden, wie Langeweile oder Unruhe. Man muss lernen, sich zu konzentrieren. Genau das ist ein Nutzen, der in den normalen Alltag übernommen werden kann. Wenn es beim Meditieren gelingt, Gedanken nur zu betrachten, statt sich darüber aufzuregen, wird das auch in Belastungssituationen gelingen. Und wenn ein Mensch dazu in der Lage ist, regieren nicht mehr seine Emotionen, sondern das Gehirn kann nach guten Lösungen suchen und sich auf das konzentrieren, was gerade ansteht.
Die Meditation hilft uns vielleicht einfach dabei, dass wir uns Zeit für uns nehmen und uns zurückziehen aus der Reizüberflutung des Alltags. Wir achten mehr auf uns. Wir verlernen, zu bewerten.
Probieren Sie die Meditation oder nicht – Sie selbst wissen am besten, was passt. Tun Sie nur das, was Ihnen bekommt. Sie essen ja auch keine Nussschokolade, wenn Sie Nussallergiker sind.
Variieren Sie das, was Sie tun. Zuckerschock durch Vollmilch oder Qualitätsschokolade: Alles zu seiner Zeit.
Bedenken Sie, dass so, wie jede Schokolade anders behandelt sein will, für jeden das Beste etwas anderes ist. Eine weiße Schokolade können Sie zum Beispiel ruhig in den Kühlschrank legen, eine dunkle nicht, der schadet das. Und ebenso ist es bei den Menschen: Jeder braucht etwas anderes. Deshalb kann jeder das Beste für sich wollen, ohne anderen zu schaden. Sie dürfen also wirklich ein gutes Gewissen haben.

»Sowohl als auch« statt »entweder oder«

Der neue Trend zu dunkler Schokolade zeigt ganz klar, dass ein Umdenken stattfindet. Die meisten wollen nicht mehr entweder Spaß oder Gesundheit – eine Entscheidung, die wir ein Stück weit beim Genuss von Vollmilchschokolade treffen müssen –, sondern Spaß, Genuss, Gesundheit und Wunschform zugleich. Dass es möglich ist, erleben wir, wenn wir zur hochprozentigen Schoko-

Ärgerfrei leben

Ärger ist kontraproduktiv in Sachen Genuss. Wann immer Sie der Ärger anfällt: Widmen Sie ihm maximal drei Minuten. Machen Sie sich klar: Wenn das Problem schon da ist, müssen Sie sich nicht darüber aufregen, dass es da ist. Viel wichtiger ist es, nach einer Lösung zu suchen. Das können Sie am besten in einem guten körperlichen und geistigen Zustand. Und falls es keine Lösung gibt, brauchen Sie sich noch viel weniger zu ärgern, da Sie ohnehin nichts ändern können. Ein gutes Beispiel ist das Essen. Der schlechten Nuss ist schnell verziehen: Wie beißen darauf, sagen »igitt«, werfen das Stück weg und essen das nächste.

lade wechseln. Es ist so viel machbar. Selbst nach einer Völlerei verzeiht der Körper uns.

Das Beste für sich zu wollen, heißt demnach »sowohl als auch«. Bleiben wir beim Essen. Die meisten von uns essen nicht nur, um satt zu werden. Wir essen vordergründig, weil es schmeckt. Die Vorliebe für Süßes ist angeboren. Mit Schokolade ab 70 Prozent Kakaoanteil essen Sie auch gleich noch gute Laune und Schwung. Sie enthält zum Beispiel die anregenden Substanzen Koffein und Theobromin. Im Schokoladenhimmel landen wir, weil die Produktion von Endorphinen, den körpereigenen Glückshormonen und des Belohnungshormons Dopamin angeregt wird. Besonders bemerkenswert ist, dass bereits der Geruch von Kakao die Frequenz unserer Gehirnwellen in Richtung Entspannung lenkt.

Gibt es Genuss ohne schlechtes Gewissen? Wie immer im Leben gilt: gewusst wie. Greifen Sie konsequent zu Schokolade mit mehr als 70 Prozent Kakaoanteil. Die Kakaopflanze wird »Speise der Götter« genannte, weil die Natur kein zweites Mal so viele wertvolle Nährstoffe auf so kleinem Raum zusammengepackt hat. Hier soll schon einmal erwähnt werden, dass die im Kakao enthaltene Ölsäure das Gesamt-Cholesterin verringert und Polyphenole nicht nur den bitteren Geschmack verleihen, sondern auch vor Herzinfarkt und Krebs schützen können. Die gute Nachricht für alle Figurbewussten lautet außerdem: Dunkle Schokolade beeinflusst den Blutzuckerspiegel kaum und macht deshalb nicht dick. Ich rate sogar dazu, zur Schokolade zu greifen, bevor Sie Appetit darauf haben, oder ein Ritual zu etablieren, wie eine Nachmittagpause mit Schokolade. So entkommen Sie der Heißhungerfalle mit Vergnügen. Ab Seite 173 befassen wir uns ausführlich damit.
Falls »sowohl als auch« einmal nicht realistisch ist, gibt es einen weiteren bewährten Tipp: »Später ist leichter als nie«. Wenn Sie Schokogenuss zum Beispiel auf später verschieben, ist es leichter, sich an das »Teilzeitverbot« zu halten, als wenn man ganz verzichten muss.

Kleine Helfer: problemlos zur Bestform

1 Lernen Sie

Hören Sie nie auf zu lernen, egal wie alt Sie sind. Es gibt immer etwas zu entdecken, das uns nützt und vorwärtsbringt, wie wir es uns leichter machen können. Befassen Sie sich neben Fachthemen vor allem mit sich selbst und damit, was Sie für sich tun können.

2 Lesen Sie

Viele Menschen lesen gern und schaffen es kaum noch, weil sie abends zu müde sind, nachdem sie alle Pflichten erfüllt haben. Es lohnt sich, wieder anzufangen. An der Universität Sussex fand der Neuropsychologe Dr. David Lewis heraus, dass der Stresslevel um 68 Prozent sinkt, wenn man sechs Minuten in einem Buch liest.[26]

3 Hören Sie Musik, nutzen Sie den Mozarteffekt

Musik hören senkt unseren Stresslevel nicht nur um 61 Prozent, harmonische Musik wie von Mozart verbessert auch unsere Gehirntätigkeit.

4 Legen Sie schwierige Termine auf den Dienstag

Dienstags ist unsere Leistungsfähigkeit am größten: Der Wochenstart liegt hinter uns, aber ein Großteil der Woche steht noch zur Verfügung – das motiviert!

5 Bringen Sie etwas zu Ende, bevor Sie das nächste anfangen

Unerledigtes sitzt uns ständig im Genick, egal wie klein oder groß. Das Gefühl, nicht genug geschafft zu haben, kommt daher, dass wir so viel anfangen und uns ablenken lassen.

6 Beginnen Sie morgens mit dem größten Brocken

Statt unangenehme Arbeit zu verschieben und den inneren Widerstand dadurch immer größer werden zu lassen, werden Sie stolz und glücklich sein, wenn Sie gleich am Anfang viel geschafft haben. Das lässt Sie den ganzen Tag lang viel produktiver sein.

7 Bestimmen Sie Anfang und Ende

… für Meetings, Gespräche und dergleichen – und halten Sie sich daran. Die Effizienz wird sofort steigen.

8 Machen Sie regelmäßige Handy-Sabbaticals

Schaffen Sie sich Zeiten der Unerreichbarkeit. In Meetings, beim Abendessen und einfach so. Ihre Konzentration dankt es Ihnen.

9 Schauen Sie anderen Menschen in die Augen

Wir Menschen sind soziale Wesen. Wenn wir Blickkontakt mit uns lieben oder nahen Menschen halten, können wir Stress abbauen.

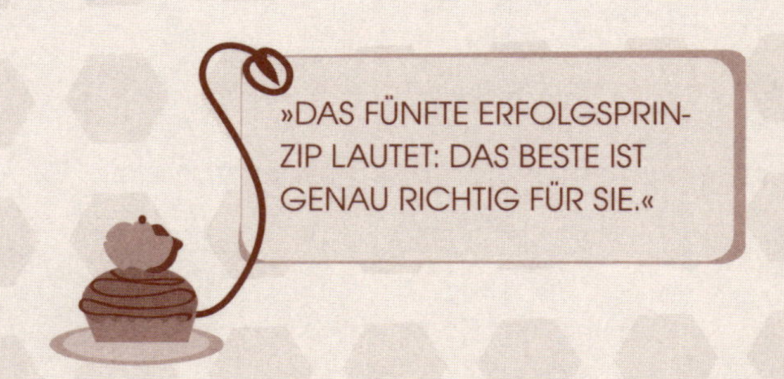

Sie sind dran

Treffen Sie eine Entscheidung!

Sagen Sie Ja zum Leben im Optimum? Dann schließen Sie einen Vertrag mit sich:

Ich finde heraus, was das Beste für mich ist, und lebe konsequent danach.

....

Datum Unterschrift

Verhalten Sie sich neu:

Konsumieren Sie dieses Buch nur oder verinnerlichen Sie es? Testen Sie sich selbst doch einmal: Welche drei Gründe dafür, es sich ohne schlechtes Gewissen gut gehen zu lassen, haben Sie gerade gelesen?

....

....

....

....

Ihre neuen Erfahrungen mit Ihrer Entscheidung:

....

....

....

....

....

Die psychologischen Grundlagen dafür, es sich unerhört GUT gehen zu lassen

Erinnern wir uns an die recht schmackhafte Überlegung, dass das Beste gerade richtig für uns ist. Sie sind unentschlossen? Wie hilfreich war die Überlegung, dass »das Beste« für jeden Menschen etwas anderes ist, sodass keiner zu kurz kommt und Sie nicht auf Kosten anderer leben? Sind Sie jetzt dabei? Sie zögern noch immer. Dann kommt hier noch einmal ein bisschen Forschung: Glückliche Menschen leiden nach einer Metaanalyse von Lyubomirsky, King und Diener weniger oft unter Erkrankungen wie Depressionen oder Schizophrenie, sind weniger schmerzempfindlich, nehmen weniger Medizin, haben eine bessere Lebensqualität bei Krankheiten wie Krebs, haben weniger allergische Reaktionen, schlafen besser, leben gesünder, bewegen sich mehr, arbeiten effizienter und produktiver.[27] Da Kakao den Glücksboten Serotonin lockt, gibt es nun keine Hinderungsgründe mehr, Schokolade zu essen und mit beiden Händen nach dem guten Leben zu greifen!

Starten Sie mit dem Besten bei der Auswahl der Schokoladensorten. Zum Genießen brauchen Sie wie überall die Entscheidung dafür, die Anwendung und möglichst viele positive Erfahrungen. Als Bindeglied zwischen Körper und Gehirn wollen die Geschmacksknospen trainiert sein.

Genuss und Essen sind zwei starke Verbündete. Eine Umfrage von Weihenstephan 2008 hat gezeigt, dass 32 Prozent der Befragten beim Thema Genuss ein viergängiges Menü zu einem besonderen Anlass nannten, 26,7 Prozent ausgiebiges Brunchen am Wochenende, 20,7 Prozent ein Stück Schokolade und 20,6 Prozent ein Bier oder den Rotwein nach Feierabend.[28]

Die Balance zwischen Gewohntem und Neuem finden

Beim Genießen darf es auch ein bisschen anstrengend sein. Bedenken Sie, dass wir nur mit Glücksbotenstoffen versorgt werden, wenn wir uns an unsere Grenzen wagen, Wiederholung birgt Langeweile. Seien Sie aktiv beim Genießen, warten Sie nicht ab. Denn aktive Menschen haben eher positiven Stress, und der macht leistungsfähig und zufrieden. Teilen und verschenken Sie Schokolade großzügig. Soziale Beziehungen wollen gepflegt sein, damit sie uns froh machen, und wir wissen alle, wie angenehm das Schenken selbst ist.

Wir sprachen schon davon, dass alles, egal ob Genuss, Nachdenken oder Entspannung, Raum und Zeit braucht. Am besten funktioniert es, wenn es ritualisiert wird. Denn Rituale bringen in unser hektisches Leben Oasen der Ruhe. Rituale synchronisieren die gestörte Arbeit der Nervenzellen, sodass wir sie als Bewältigungsstrategie gezielt nutzen können. Rituale sind dabei klar von Routinen oder Ablenkungsmanövern zu trennen. Fernsehen oder Einkaufen sind Ersatzbefriedigungen, sie verschaffen nur kurzfristig Ablenkung. Routinen laufen automatisch ab, wie Duschen oder Fahrradfahren. Sie brauchen keine Aufmerksamkeit und geben deshalb nicht das Gefühl der Bedeutsamkeit. Diese aber gerade bringt den heilsamen Effekt, weil sie das neuronale Netzwerk beruhigt. Bewusste Rituale lenken den Fokus nach innen statt nach außen und sie machen im Unterschied zu Ersatzhandlungen nicht abhängig. Achten Sie darauf, dass Sie den Ritualen Bedeutung und Aufmerksamkeit geben.

Ran an die Schokolade

Für Schokolade empfehle ich gern Rituale wie die »Teatime« mit Schoko am Nachmittag oder das täglich bewusst genossene Stück Schokolade zum Dessert nach dem Mittagessen. Kleine Verwöhnrituale, die zum einen zur Folge haben, dass wir Schokolade essen,

bevor wir einen riesigen Appetit darauf haben, und durch die wir die Kontrolle beim Naschen behalten und dem Heißhunger vorbeugen. Zum anderen sind damit mehr kleine Verwöhnmomente im Alltag integriert. Und zwar immer, nicht erst, wenn mal Zeit und Ruhe ist. Das ist vergleichbar mit dem Sparen. Es ist ein Unterschied, ob wir eine Strategie nutzen, die heißt »was am Ende des Monats übrig ist, wird gespart« – (was interessanterweise selten vorkommt) – oder ob Sie ein klares Ziel von sagen wir »ich spare 100 Euro pro Monat« haben und das Geld als Erstes im Monat zurücklegen. Das funktioniert garantiert.
Perfekte Ergänzung zur Schokoladenlust sind gutes Wasser, grüner Tee und roter Wein, die auch gleich noch Ihre Gesundheit stärken. Im Bonusmaterial finden Sie viele Anregungen, wie Sie es sich mit Schokolade richtig gut gehen lassen können.

Wollen Sie alles

Das Beste für sich zu wollen, heißt oft »sowohl als auch« statt »entweder – oder«. Also naschen ohne Reue, für Gesundheit, Energie, Wohlbefinden und Wunschfigur. Leben für Zufriedenheit, Gesundheit, Wachstum, Erfolg, Glück, Liebe … Gerald Hüther hat mit seinem Buch »Was wir sind und was wir sein könnten« die Hintergründe dazu aus der Gehirnforschung geliefert.[29]
Den Homo sapiens gibt es seit 100 000 Jahren, genetisch hat sich wenig geändert. Betrachten wir unser Gehirn. Was für ein Gehirn man bekommt, hängt davon ab, wie man es benutzt. Wir lernen am besten, was für uns wichtig ist. Das Gehirn organisiert sich selbst, indem es neuronale Netze aufbaut. Diese sind besonders aktiv und fest, wenn etwas wichtig für uns ist oder/und wenn wir uns für etwas begeistern. Begeistern Sie sich für Durchschnitt? Nein. Sondern nur für Besonderes, Herausforderndes. Ihr Gehirn wird Sie folglich bei kühnen Wünschen gern unterstützen.
Falls Sie hin und her schwanken und mal »ja« und mal »nein« zu einem optimalen Leben sagen, mag das Ihr Gehirn gar nicht.

Denn nicht genutzte neuronale Verbindungen sterben ab. Der Körper ist sehr effizient. Brauche ich das? Nein, also weg damit. Hier liegt die Begründung, warum tägliches Dranbleiben der Schlüssel zum Erfolg ist. Das Gehirn braucht die Nachricht, dass das, was wir tun und denken, benötigt wird. Das gilt für Vokabeln genau wie für trainierte Oberschenkelmuskeln oder eine optimistische Lebenshaltung.

Von den ersten Minuten unseres Seins an lernt unser Gehirn. Zunächst lernen wir von anderen Menschen. Andere Menschen helfen uns sozusagen bei der Ausformung unseres Gehirns. Das sogenannte Resonanz- und Imitationslernen wird durch Spiegelneuronen gesteuert. Ohne Vorbilder würden wir nicht einmal aufrecht gehen können. Deshalb ist dies auch später ein nützliches Lernprinzip. Suchen Sie sich Vorbilder für das Beste, was Sie erreichen wollen. Schauen Sie sich an, wie diese Menschen sich organisieren, auftreten, sprechen, das tun, was Sie auch tun wollen. Und übernehmen Sie das, was zu Ihnen passt.

Hirnforscher bestätigen: Wir werden immer durch das Lösen von Problemen lernen und vorwärts kommen, weil dabei neuronale Verschaltungen aktiviert werden und wir neue Erfahrungen machen. Wenn wir Erfahrungen wiederholen, werden die Verknüpfungen im Frontalhirn zu inneren Überzeugungen, nach denen wir leben und die sich auch in der körperlichen Haltung zeigen. Wollen wir uns folglich neu verhalten, hilft es schon, die Körperhaltung zu ändern, dann das Denken und dann das Tun.

Hirngerechte Arbeit ist sinnstiftend, nach neuen Lösungen suchend. Das Ergebnis ist nicht vordergründig nur das Produkt oder das Ziel, sondern die persönliche Entfaltung – und damit der Weg.

Geben Sie Ihr Bestes und nehmen Sie sich das Beste. Das einzige Gegenmittel gegen die Angst auf diesem neuen Weg ist gehirntechnisch nachweisbar und heißt Vertrauen in sich und die eigenen Fähigkeiten. Aus meiner Erfahrung und der meiner Klienten kann ich dazu noch sagen, dass Ihnen immer genau das begegnet, was Sie bewältigen können. Natürlich auch mal mit Aufwand oder mit Schmerz, weil es schwerfällt, etwas Gewohntes loszulassen, aber Sie werden es immer schaffen, wenn Sie sich nur erst einmal auf den Weg machen.

Die Schokoladenstrategie als täglicher Urlaub

Meist fällt es uns leicht, uns im Urlaub etwas Besonderes zu gönnen. Wir investieren gut gelaunt in die Vorbereitung. Wir wissen, was wir wollen (Meer oder Berge), recherchieren und planen die optimalen Bedingungen. Wir freuen uns darauf und wir genießen. Im Ergebnis erholen wir uns, die Stresshormone nehmen ab und wir fühlen uns wohl. Es gibt also neben dem Naschen einen zweiten Bereich im Leben, wo wir das schon können, was wir öfter im Leben nutzen sollten. Hier kommt die Forschung zu diesem Thema: Die britischen Marktforscher David Gilbert und Junaida Abdullah von der University of Surrey zeigten, dass die Planung eines Urlaubs glücklicher macht und zur positiveren Bewertung der eigenen familiären und gesundheitlichen Situation führt, als wenn keiner geplant ist.[30] Die Psychologin Jessica de Bloom von der Universität Nimwegen zeigt, dass die Qualität des Urlaubs wichtiger für den Erholungseffekt ist als die Dauer.[31] In de Blooms Studien erwies es sich als besonders vorteilhaft, wenn die Probanden ihre Urlaubsaktivitäten stärker genossen hatten – egal welche Unternehmungen dies waren.

Die Edelpralinen des Lebens – Best of

Ich hatte Ihnen ja versprochen, dass ich die besten Tipps für Sie bereithalte. Nicht unbedingt immer das, was Sie noch nie gehört haben, sondern das, was richtig gut funktioniert. Gehört haben Sie sicher schon ganz viel. Das meiste, was heute in Coachings und Lebensratgebern weitergegeben wird, wurde schon einmal gesagt, meist ist es sogar ganz altes Wissen, das wir gerade wieder entdecken. Deshalb besteht die Kunst nicht darin, weiter nach Neuem zu suchen und Neues zu finden, sondern vor allem darin, in dem, was schon vorhanden ist, das für Sie Passende zu finden und es anzuwenden.

Woher wissen Sie nun, was das Beste für Sie ist? Hier kommt natürlich wieder die Schokolade ins Spiel: Haben Sie »Naschaugen«? Das bedeutet: Strahlen Sie schon, wenn Sie an das denken, worum es geht? Jubelt Ihr Bauch? Sagt Ihre Intuition, dass es passt? Sagt der Verstand Ja, weil der Zeitpunkt stimmt und Sie die Konsequenzen bedacht haben? Selbst wenn es ein kleines Angstgefühl gibt – ob das wohl gut geht – sind Sie auf dem richtigen Weg.

Viel zu oft haben wir uns für uns geschämt, uns nicht gut gefunden und gedacht, das Beste sei nicht für uns gedacht. Haben gehofft, die Außenwelt gäbe uns die Bestätigung für unseren Wert. So konnten andere über uns bestimmen; »Daumen hoch – Daumen runter«, und wir haben fremde Urteile auch noch angenommen, statt unseren Wert selbst zu bestimmten. Phil Stutz und Barry Michels bringen es in »The Tools« auf den Punkt:[32] Es lohnt sich nicht, auf ein Wunder zu warten, nach dem wir keine Sorgen mehr haben. Es gibt auch keinen »Zauber«, der uns von all unseren Alltagskämpfen befreit. Nicht das, was »außen« ist, ist entscheidend. Je eher Sie sich von dieser Vorstellung trennen, umso schneller werden Sie selbst aktiv. Es wird auch kein Aufhören geben. Weder beim Naschen noch bei der Arbeit an uns selbst. Umso wichtiger ist es, dass uns das, was wir tun, auch »schmeckt«!

Einige abschließende Hilfsmittel für das süße Leben

Verzeihen Sie – sich und anderen. Wenn man gefangen in negativen Emotionen ist, besteht man auf Wiedergutmachung durch die andere Person. Das gibt ihr eine falsche Macht und fixiert die Situation: Die andere Person wird, wenn sie überhaupt reagiert, nie etwas tun oder sagen können, das unseren Erwartungen gerecht wird. Machen Sie sich klar, dass Sie nur jemand treffen kann, wenn Sie etwas zum Treffen haben. Und Sie bestimmen, wie lange Sie in negativen Emotionen verharren.

Stellen Sie genussvolle Spielregeln auf, fürs Essen wie fürs Leben. Ähnlich wie beim kontrollierten Trinken kann es hilfreich sein, Mengen, Zeiten und Bedingungen zu definieren. Kennen Sie die alte Regel aus Kolonialzeiten, nicht vor 18 Uhr (dem Sonnenuntergang) zu trinken? Inzwischen gibt es dazu einen guten Spruch: Irgendwo in der Welt ist es immer 18 Uhr. Achten Sie also darauf, dass die Spielregeln zu Ihnen passen.

Übernehmen Sie die Kontrolle über Ihr Leben, damit Sie auch wirklich auf der Schokoladenseite bleiben. Zielkontrolle (was will ich wann wie erreichen), Motivationskontrolle (habe ich gute Gründe und passt der Preis) und Emotionskontrolle (fühlt es sich gut an, kann ich negative Gefühle im Zaum halten) sind der Anfang. Auf dem Weg brauchen Sie dann noch die Aufmerksamkeitskontrolle, damit Sie sich auf das Passende konzentrieren und Unwichtiges oder Hinderliches ausblenden. Außerdem noch die Gewohnheitskontrolle. Diese Kontrollen bringen Einsparung von Willenskraft und sollten zu Ihren Zielen passen. Die Zeitkontrolle hilft Ihnen, den besten Zeitpunkt zu finden. Das Setzen eines Zeitlimits hilft bei unangenehmen Aufgaben, diese zu tun und Entscheidungen zu treffen.

Gönnen Sie sich von nun an ein gutes Leben wie eine gute Schokolade. Sie schaffen mit dieser Lebensphilosophie den Sprung in langfristiges Glück und in die Unabhängigkeit von den kleinen

Wirrungen des Alltags. Auf diesen Weg möchte ich Sie mitnehmen: Ich möchte Sie ermutigen, aus der Fülle des Lebens zu schöpfen. Dazu, aus dem, was Sie sind und haben, mit gutem Gewissen das Beste für sich herauszusuchen und stets sofort und bedingungslos für das eigene Wohlbefinden zu sorgen. Das ist das Schokologie-Prinzip. Ich sage herzlich willkommen.

Die zehn leckersten Ideen für die Umsetzung: Das BESTE für Sie im Alltag

Auch zum krönenden Schokopsychologiekonzept-Abschluss habe ich für Sie wieder zehn Beispiele aus der Praxis für die Praxis zusammengestellt. Manchmal ist es hilfreich zu sehen, was anderen gelungen ist, und es auf das eigene Leben zu übertragen. Bitte denken Sie daran, nicht alles wird sofort gelingen. Alles was zählt ist, dass Sie den ersten Schritt gehen.

Ich sehe das Beste in mir und anderen.

Wie ist es, wenn ...
... Ihre Sekretärin schon wieder Fehler bei der Stundenabrechnung gemacht hat und Sie ihr das schon so oft erklärt haben? Das kostet Sie richtig Geld.

Sie entscheiden:

Sie müssen sich wohl nach jemand neuem umsehen. So geht das nicht weiter. Entweder sie kann nicht oder sie will nicht. Das lassen Sie nicht mehr durchgehen.

Oder:

Wie können Sie ihr das Thema noch anders erklären, oder wen können Sie bitten, es ihr nochmals zu zeigen? Sie schätzen sie sehr. Sie ist eine fähige Sekretärin. Auch das wird sie schaffen.

Sie handeln:

Sie kündigen an, dass Sie sie beim nächsten Fehler abmahnen werden und wie enttäuscht Sie von ihr sind.

Oder:

Sie bitten eine Kollegin aus einer anderen Abteilung um Hilfe und ermutigen Ihre Sekretärin, Übungsstunden mit ihr zu vereinbaren. Sie zeigen ihr Ihre Wertschätzung und dass Sie viel von ihr halten.

Ich mache mir keine Gedanken, was die anderen denken. Sie denken immer.

Wie ist es, wenn ...
... Sie einen größeren Betrag geschenkt bekommen haben und große Lust verspüren, sich ein tolles neues Auto und einige schicke Sachen zu kaufen?

Sie entscheiden:

Lieber ganz langsam und eines nach dem anderen. Wenn Sie gleich zu viel anschaffen, werden die Nachbarn reden. Die werden sich sicher fragen, wo Sie das Geld dafür herhaben. Bloß nicht.

Oder:

Wunderbar, Sie gönnen sich etwas. Irgendwann fällt den Nachbarn sowieso auf, was Sie alles Neues haben. Sie reden sowieso immer über jemanden. Dann sind Sie eben mal wieder dran. Das legt sich und dann ist der Nächste Thema.

Sie handeln:

Sie verstecken das neue Auto eine Weile in einer Seitenstraße und kaufen sich andere schöne Sachen erst später. Sie ärgern sich über das Versteckspiel vor allem dann, als Sie trotzdem jemand auf das neue Auto anspricht.

Oder:

Sie kommen strahlend mit Ihren neuen Schätzen nach Hause, grüßen freundlich und fragen den Nachbarn nach einer Empfehlung für den Reifenwechsel.

Sowohl als auch statt: entweder oder!

Wie ist es, wenn ...
... Sie einen Partner suchen und sich wünschen, dass er einen interessanten Beruf hat, Ihre Interessen teilt und wie Sie auf einem angenehmen materiellen Niveau lebt. Ihre Freunde sagen Ihnen aber, Sie hätten zu hohe Ansprüche.

Sie entscheiden:

Da Sie keinen Partner haben, scheinen Ihre Wünsche unverhältnismäßig zu sein. Jünger werden Sie auch nicht. Vielleicht gibt es den gar nicht, den Sie suchen?

Oder:

Die Freunde haben sich vielleicht damit abgefunden, nicht alles haben zu können. Sie schauen sich lieber mal um, ob es nicht doch ein Paar gibt, das Ihren Vorstellungen entspricht. Wenn es ein gutes Beispiel gibt, ist das der Beweis, dass es geht.

Sie handeln:

Sie rufen doch noch mal Ihr Date von letzter Woche an. Sie haben einander zwar nicht viel zu sagen und er teilt auch nicht Ihre Leidenschaft für die Oper, aber wer weiß ...

Oder:

Sie bleiben bei Ihren Wünschen und schenken sich selbst mehr Aufmerksamkeit. Hängen Sie vielleicht noch an Ihrer Ehe, oder haben Sie Angst, wieder verletzt zu werden, und sind deshalb noch gar nicht offen für eine neue Beziehung?

4 Ich esse und lebe, wie es zu mir passt.

Wie ist es, wenn ...
... die Schwiegermutter zur Geburtstagsfeier eingeladen hat und es ihren Lieblingskuchen geben wird, der so gar nicht Ihren Vorstellungen entspricht?

Sie entscheiden:

Geburtstag ist ja nur einmal, und Sie wollen doch niemanden vor den Kopf stoßen und der ewige Außenseiter sein. Da passen Sie sich eben an.

Oder:

Es gibt immer wieder Geburtstage und Einladungen. Wenn Sie immer das essen, was angeboten wird, kommen Sie nie auf einen grünen Zweig. Die anderen dürfen Sie ruhig komisch finden, sie müssen dann auch nicht Ihre Konsequenzen tragen.

Sie handeln:

Sie sagen nichts und nehmen auch noch ein zweites Stück, was soll's. So schlecht schmeckt er ja auch nicht.

Oder:

Sie rufen vorher an und fragen, was Sie mitbringen können. Sie erzählen, dass Sie gern ein neues Rezept vorstellen würden, weil Sie keinen Zucker essen. Falls es eine Frage der Ehre für Ihre Schwiegermutter ist, selbst zu backen, bitten Sie um ein paar Beeren statt Kuchen.

Ich esse Schokolade, bevor ich Appetit darauf habe.

Wie ist es, wenn …
… Sie bislang wegen Ihrer Lust auf Schokolade an jeder Diät gescheitert sind?

Sie entscheiden:

Sie werden das schon noch schaffen. Mit mehr Konsequenz, mehr Disziplin, einem klaren Plan.

Oder:

Sie merken, dass Ihnen Essenspläne ohne Schokolade nicht gut tun und dass es eine Illusion ist, dass Sie sich bei all Ihrer Belastung auf Arbeit und zu Hause auch noch dabei kontrollieren wollen. Das Beste für Sie wäre das nicht. Wozu dann fortsetzen?

Sie handeln:

Sie verbieten allen, in Ihrer Gegenwart Schokolade zu essen, welche einzukaufen oder Ihnen zu schenken. Wenn keine Schokolade da ist, können Sie ihr nicht verfallen.

Oder:

Sie suchen nach einem neuen Konzept, das besser zu Ihnen passt, und gönnen sich regelmäßig nach dem Mittag etwas zum Naschen. Ein Ritual des Genusses, das Ihnen in einem angespannten Alltag eine kleine Freude bringt.

6 Ich sehe mit dem Herzen.

Wie ist es, wenn …
… Ihre Mutter Sie völlig verrückt damit macht, dass sie Ihrem Vater ständig nach dem Mund redet und keine eigene Meinung hat?

Sie entscheiden:

Sie können diese Schwäche nicht verstehen und würden Ihrer Mutter gern Mut machen, anders zu sein. Sie wären nie so und würden sich nie so unterbuttern lassen.

Oder:

Sie versetzen sich in Ihre Mutter und können deren große Liebe zu Ihrem Vater fühlen. Er ist ihr Ein und Alles und sie haben schwere Zeiten durchgemacht. Auch wenn Sie nie so sein wollen, können Sie ihr Verhalten nachvollziehen.

Sie handeln:

Bei nächster Gelegenheit, wenn Sie mit Ihrer Mutter allein sind, reden Sie ihr ins Gewissen. Notfalls machen Sie auch mal Ihrem Vater gegenüber eine passende Bemerkung, wenn Ihre Mutter sich nicht traut.

Oder:

Sie lassen Ihre Eltern, wie sie sind. Es ist ihr Leben und sie sind genau so richtig, wie sie sind. Wenn es Ihnen mal schwerfällt, sich nicht aufzuregen, denken Sie daran, was Sie alles an Ihrer Mutter mögen.

Ich bin großzügig zu mir und anderen.

Wie ist es, wenn ...
... Sie schon lange eine Fremdsprache lernen und einfach nicht so richtig vorwärtskommen.

Sie entscheiden:

Sie ärgern sich über Zeit und Geld, die Sie schon investiert haben, und überlegen, aufzuhören.

Oder:

Sie ärgern sich kurz, weil Sie schon so viel investiert haben. Sie überlegen, ob es nicht wichtig genug für Sie ist. Wenn gerade vieles andere Ihre Aufmerksamkeit braucht, geht es vielleicht jetzt nicht. Oder haben Sie nicht den besten Weg und es geht so nicht?

Sie handeln:

Sie fragen Ihren Lehrer nach seiner Meinung. Der macht Ihnen Mut, nicht aufzugeben, weil Sie gar nicht so schlecht sind, wie Sie denken. Sie schlussfolgern, dass Sie sich mehr anstrengen müssen, und machen einen straffen Monatsplan fürs Lernen.

Oder:

Sie entscheiden sich, sich mehr Zeit zu geben und den Druck rauszunehmen. Sie suchen nach Lerntechniken, die mehr Freude bereiten, und beginnen, in interessanten Zeitungen in dieser Sprache zu schmökern.

8 Ich lächle zuerst.

Wie ist es, wenn ...
... Ihr Nachbar Ihnen das Leben schwer macht und Sie schon überlegt haben, umzuziehen, um diesem Menschen nicht mehr begegnen zu müssen.

Sie entscheiden:

Sie gehen ihm aus dem Weg und gehen davon aus, dass das ganze Haus ihn nicht leiden kann.

Oder:

Sie lassen sich keinesfalls die gute Laune verderben und sind sich sicher, dass es in seinem Leben einen Grund gibt, dass er so ist. Wie gut, dass Sie es besser haben.

Sie handeln:

Sie meiden jede Begegnung. Wenn Sie seine Tür hören, warten Sie, bis er weg ist, bevor Sie selbst die Wohnung verlassen. Sie fragen ganz nebenbei auch mal die anderen Mieter, die Ihre negativen Eindrücke bestätigen.

Oder:

Sie bewegen sich nach Ihrem Rhythmus. Wenn Sie ihn sehen, grüßen Sie und verschenken ein Lächeln. Ob es zurückkommt oder nicht, ist egal. Sie haben viel zu geben.

schön lächeln!

Ich denke nur das, was ich tatsächlich erleben will.

Wie ist es, wenn ...
... Sie sich trennen wollen und sich kaum dazu durchringen können, weil Sie Angst haben, dass Ihr Partner es Ihnen dann richtig schwer machen wird.

Sie entscheiden:

Sie grübeln und grübeln, was alles passieren kann und was er alles gegen Sie verwenden könnte. Sie spielen alle worst-case-Szenarien durch, um nur gut vorbereitet zu sein.

Oder:

Sie überlegen in Ruhe, was das beste Szenario der Trennung sein kann. Was wird ihm wichtig sein, was Ihnen. Wie kann es im besten Falle laufen. Sie sind guter Dinge, dass das, was einen guten Anfang hatte, auch ein gutes Ende nimmt.

Sie handeln:

Sie explodieren schon beim ersten Gespräch, nachdem er auf Ihre Ankündigung nicht gleich reagiert, sondern verschlossen dasitzt. Sie warnen ihn, dass Sie notfalls einen Anwalt nehmen, wenn Sie sich nicht einigen.

Oder:

Sie haben Geduld beim ersten Gespräch, in dem er Ihre Ankündigung erst mal verdauen muss und verschlossen dasitzt. Sie vertrauen sich und darauf, dass alles gut gehen wird.

10 Ich bin größer als jedes Problem.

Wie ist es, wenn ...
... Sie selbstständig sind und einen großen Kunden verloren haben, der die Hälfte Ihrer Umsätze gebracht hat – und Sie keine Ahnung haben, wie es weiter gehen soll?

Sie entscheiden:

Sie sind am Verzweifeln. Das ist Ihnen noch nie passiert. Ihre Gedanken kreisen mit den schlimmsten Fantasien, Sie finden keine Ruhe mehr.

Oder:

Sie sind kurz verzweifelt. Doch dann erinnern Sie sich daran, dass Probleme so groß sind, wie man sie macht. Sie sagen sich »ich bin größer als jedes Problem«, lachen und weinen ein bisschen und können dann wieder konstruktiv denken.

Sie handeln:

Sie rufen Kollegen an und fragen, was diese tun würden. Sie hören, dass fast alle solche Situationen kennen. Das beruhigt Sie ein bisschen und Sie fangen an zu hoffen, dass sich bald etwas Neues ergibt.

Oder:

Sie nehmen sich einen Tag Zeit und überlegen sich eine neue Akquisestrategie. Sie gehen Ihre Kontakte durch, fragen Kollegen um Rat und entwickeln einen Stufenplan, mit dem Sie am nächsten Tag loslegen. Wer weiß, wofür das alles gut ist?

Wie Sie mit Schokolade schlank bleiben

Bis hierher hat Ihnen dieses Buch sicher viel Freude bereitet. Doch ab und an ist bestimmt schon die bange Frage aufgetaucht, wie das funktionieren soll mit all der Schokolade – ohne endlos zuzunehmen.
Deshalb begeben wir uns auf den folgenden Seiten in das heiß umstrittene Themenfeld Wunschfigur. Ich konzentriere mich dabei auf psychologische Gesichtspunkte und einige ausgewählte Aspekte der Ernährung. Ich bin ein Anhänger der blutzuckeroptimierten Ernährung, das werden Sie rasch feststellen. Absichtlich gehe ich nicht auf verschiedene andere Ernährungsstrategien ein, denn die Vielzahl der Möglichkeiten würde den Rahmen dieses Bonuskapitels bei Weitem sprengen.

Mich erfassen beim Nachdenken über das Thema Körpergewicht abwechselnd Wut, Hilflosigkeit und Kummer. Weil für so viele von uns etwas zum Gradmesser des Wohlbefindens geworden ist, das wir nur sehr bedingt beeinflussen können. Und je mehr wir uns abmühen, je disziplinierter wir sind, umso geringer sind die Erfolge oft.
Erstaunlich für mich ist immer wieder, dass der Wunsch und die Forderung nach Gewichtsveränderung von so vielen Menschen – und ganz besonders von den meisten Frauen – angenommen wird, obwohl es keine Methode für das Abnehmen und das Halten des neuen Gewichts gibt, die tatsächlich für jeden langfristig funktioniert.

Auf einen Blick

ERLAUBEN Sie sich, Ihren Körper zu genießen
Genuss ist eine Frage der Einstellung, auch in Bezug auf Ihren Körper. Können Sie sich in ihm wohlfühlen, so wie er ist? Darf es Ihnen jeden Tag so richtig gut mit ihm gehen?

Für den Körper und das Schokolade-Essen: Genießen Sie das, was da IST
Schauen Sie liebevoll auf sich selbst. Schätzen Sie Ihren Körper als ein Geschenk der Natur. Ihr Körper ist ein stimmiges System, sonst wäre er nicht so, wie er ist.

Sorgen Sie JETZT gut für Ihren Körper
Fangen Sie gleich mit etwas an, das Sie schon lange tun wollten. Investieren Sie täglich Zeit und Energie in einen guten körperlichen Zustand. So sorgen Sie heute dafür, dass es Ihnen auch morgen noch in Ihrem Körper gut geht.

Genussmensch oder Sportskanone? Leben Sie das, was zu IHREM Leben passt
Jeder Körper ist anders. Deshalb: Lassen Sie all das sein, was Ihnen überhaupt keinen Spaß macht. Stimmen Sie Ihre Gewohnheiten optimal auf **Ihr** Leben ab.

Tun Sie mit ruhigem Gewissen das BESTE für Ihren Körper
Genießen Sie den Weg zum Ziel. Entdecken Sie die Schokoladenseiten Ihres Körpers und nutzen Sie sie. Fragen Sie sich bei Investitionen in Ihren Körper, ob es nicht noch etwas Besseres für Sie gibt.

Unser Körper hat seine eigenen Spielregeln, auch wenn wir diese gern ignorieren wollen. In einer von Dr. Michael Rosenbaum von der Columbia University New York auf dem 11. Internationalen Übergewichtskongress 2010 in Stockholm vorgestellten Studie[33] wurde gezeigt, dass zehn Prozent Gewichtsverlust bei Normal- und Übergewichtigen dazu führt, dass der Körper danach täglich 400 Kilokalorien weniger verbraucht als vorher. Die Gründe: Es werden weniger Schilddrüsenhormone gebildet, die Aktivität des Parasympathikus steigt, das Leptinniveau sinkt. Diese Veränderung machen träge und hungrig. Willkommen im Leben mit dem Jo-Jo-Effekt!

Auf demselben Kongress stellte Rena Wing vom Miriam Hospital Brown University Providence Ergebnisse ihrer Untersuchung vor:[34] Sie hatte Menschen befragt, die es geschafft hatten, langfristig große Gewichtsabnahmen zu halten. Deren Geheimnis: Sie ernähren sich konsequent kalorien- und fettarm, treiben Sport, wiegen sich häufig, führen Buch über ihre Ernährung und ihr Gewicht – und sie führen diesen asketischen Lebensstil ohne Pause weiter. Auch zu Geburtstagen, Feiern, Festtagen und in den Ferien gibt es keine Ausnahmen.

Soll das tatsächlich die Lösung sein? Als bekennende Genießerin hoffe ich: nein! Es muss doch auch anders gehen. In Dänemark etwa gibt es weniger Gewichtsprobleme als anderswo.

Wir wissen, dass die Dänen die glücklichsten Menschen Europas sind, das geht unter anderem aus einer Umfrage der Stiftung für Zukunftsfragen hervor.[35] Ich bin mir sicher, wer glücklich ist, wird nie Gewichtssorgen haben. Entweder weil er mit jedem Gewicht zufrieden ist. Oder weil er so lebt, wie es zu ihm passt, weil er gut für sich sorgt und ein solch bewusstes Leben mit Normalgewicht einhergeht. Wer sich selbst »Gewicht gibt«, braucht kein Übergewicht!

Das bedeutet meiner Meinung nach, dass man den Denkansatz der Schokologie auch auf das Thema Gewicht übertragen kann.

Abnehmen und Sport

Wenn man über das Abnehmen nachdenkt, geht es immer auch schnell um das Thema Sport. Meine Meinung dazu: Bewegung wird definitiv in sehr vielen Bereichen unterschätzt. Denn wenn Sie Stress abbauen, entspannen, gesund sein und bleiben wollen, ist es wichtig, bewegt zu leben. Auch Sauerstoffversorgung des Körpers, körperliche und geistige Fitness, Jugendlichkeit und sogar guter Schlaf haben viel mit ausreichend Bewegung zu tun.

Dagegen wird meiner Meinung nach Bewegung deutlich überschätzt, wenn es ums Abnehmen geht. Ich kenne nur ganz wenige Menschen, die durch Sport abgenommen haben. Die meisten abnehmwilligen Menschen zwingen sich zu etwas, was sie nicht mögen, quälen sich und übertreiben es beim Sport. So entsteht Stress – und der macht dick (siehe ab Seite 182).

Wichtig ist wie beim Abnehmen ein Gesamtkonzept, für das Sie Ihre ganz individuelle, genussvolle Lösung finden, die ab sofort und für immer einsetzbar ist. Beim Essen, beim Sport, beim Schokoladengenuss.

Lassen Sie uns also unsere Perspektive erweitern und nach neuen Lösungen suchen, wenn die alten uns nicht weiterbringen. Ich habe die wichtigsten Schlüssel für ein Leben mit Schokolade und

Wunschfigur für Sie zusammengestellt und gehe auf den nächsten Seiten darauf ein. Die folgenden Aspekte sind wichtig, um erfolgreich abzunehmen:

- Das rechte Maß finden
- Das richtige Konzept haben
- Das Gewicht als Ergebnis der Vergangenheit verstehen
- Den Zusammenhang zwischen Stress und eigenem Gewicht erkennen
- Zu wissen, welche Rolle das Gehirn spielt
- Den Zusammenhang zwischen Hormonen und Gewicht sehen
- Zu wissen: Fett macht nicht unbedingt fett
- Die Macht der Gewohnheiten erkennen

Das rechte Maß finden

Mir liegt besonders am Herzen, Sie darauf aufmerksam zu machen, dass Sie nicht **zu wenig** essen sollten. Viele Theorien der letzten Jahre haben uns gelehrt, dass es gut für uns sei, weniger zu essen. Infolgedessen wird oft so wenig gegessen, dass das Stoffwechselfeuer erlischt – und so schließlich auch die Fettverbrennung stagniert. Schauen Sie sich um: Wenn die Reduktionstheorie stimmen würde, wären Sie umgeben von glücklichen, schlanken Menschen. Dem ist aber nicht so. Denn wir übersehen gern einen Selbsterhaltungsmechanismus des Körpers: Er registriert stets, ob er so viel Energie bekommt, wie er benötigt. Wenn das nicht der Fall ist, wird sofort das Notfallprogramm begonnen, und das heißt: Fettreserven sichern und bei jeder Gelegenheit neue anlegen. Der Körper weiß schließlich nicht, wie lange die »Hungersnot« anhält. Und wir geben ihm mit Fastenzeiten, dinner cancelling und kleinem Frühstück nach großer Party ja immer wieder Recht: Nach kurzem Überfluss folgt plötzlich Hunger. Besser ist es deshalb, in gesundem Maße zu essen, damit der Körper gleichmäßig versorgt wird.

Was sind Ihre Abnehm-Gründe?

Überprüfen Sie Ihre Absicht, wenn Sie abnehmen wollen, und schauen Sie hinter Ihren Wunsch abzunehmen: Worum geht es wirklich? Haben Sie Ihre geheimen Wünsche je erreicht, wenn Sie abgenommen hatten? Oder haben Sie schon längst erkannt: Ein geringeres Gewicht führt nicht automatisch zu mehr Zufriedenheit mit sich selbst oder zu größerem Selbstvertrauen.

Fragen Sie sich auch ehrlich: Waren Sie jemals richtig zufrieden mit Ihrem Körper? Oder haben Sie schon immer mit seinem Aussehen gehadert und laufen möglicherweise schon Ihr Leben lang einer Illusion nach?

Das richtige Konzept haben

Viele Menschen, die abnehmen möchten, versuchen es mit praktisch jeder Strategie, die ihnen irgendwo begegnet. Das hat meist fatale Folgen, denn durch den ständigen Wechsel werden die oben beschriebenen verzweifelten Aktionen des Körpers, seinen Stoffwechsel herunterzufahren und jede Kalorie möglichst sinnvoll zu nutzen, immer weiter angekurbelt. Es ist daher wichtig, dass Sie die Ernährungsmethode finden, die zu **Ihnen** passt.

Meine Favoriten sind alle Diäten, bei denen die Eiweißzufuhr betont und die Kohlenhydrate reduziert werden – am besten kombiniert mit Gewohnheiten aus der mediterranen Küche.

Basis dieser Ernährungsmethoden sind Gemüse aller Art und Eiweiße. Letztere fördern die Bildung von Fettverbrennungshormonen wie Glukagon und des menschlichen Wachstumshormons Human Growth Hormon (HGH). Zudem benötigt der Körper Energie, um die Eiweiße zu verdauen.
Bei diesen Diäten werden keine Kalorien oder Fette gezählt, sondern im Mittelpunkt steht die Blutzuckerwirkung von Lebensmitteln. Interessant sind deshalb Kohlenhydrate, die wenig Insulin hervorrufen. Dazu gehören Gemüse als Suppen, Salate, Drinks oder Beilagen, außerdem Wildreis, Vollkornnudeln oder das südamerikanische Korn Quinoa. Auch Nahrungsmittel, die reine und pflanzliche Eiweiße enthalten, machen einen wesentlichen Bestandteil der Ernährung aus. Dazu gehören Geflügel, Wild, Lamm, Kalb, Fisch, Eier, Linsen, Naturjoghurt, Quark, körniger Frischkäse und weitere magere Käsesorten. Schließlich spielen auch ungesättigte Fette wie in Olivenöl, Leinsamen oder Fisch bei dieser Ernährung eine wichtige Rolle.

Unser Gewicht ist das Ergebnis der Vergangenheit

Waren Ihre Eltern übergewichtig? Haben sie früher für Sie und sich selbst gekocht? Hatte Ihre Mutter Diabetes oder war sie vielleicht Vegetarierin? Haben Sie selbst zu viel oder zu wenig bei Ihrer Geburt gewogen? Wurden Sie gestillt? Welche Babynahrung haben Sie bekommen? Waren Sie später ein sportliches Kind? Und heute: Sind Sie allein erziehend oder verheiratet? Haben Sie Kinder, Stress, gerade einen neuen Job oder ständige Geldsorgen? Sehen Sie gern fern, haben Sie schon häufiger Diät gehalten, vor kurzem aufgehört zu rauchen, schlafen Sie zu wenig? All dies und noch mehr beeinflusst auf die eine oder andere Art Ihre Chancen, normalgewichtig zu sein. Wenn man sich damit beschäftigt, könnte man fast glauben, »Normalgewicht« zu haben und zu halten, grenze an ein Wunder.

Wie Ernährung und Hormone einander beeinflussen

Bei allen Diäten, die auf Lowcarb – also: wenig Kohlenhydrate – basieren, werden neuste Erkenntnisse über die Rolle der Hormone bei der Fettverbrennung berücksichtigt. Kohlenhydrate werden nämlich beim Verdauen in Glukose aufgespalten. Diese erhöht den Blutzuckerspiegel. Die Bauchspeicheldrüse schüttet daraufhin das Hormon Insulin aus, um den überschüssigen Zucker im Blut abzubauen.
Insulin funktioniert wie ein Türöffner zu den Zellen und trägt zur Fettspeicherung bei. Denn solange Insulin im Blut ist, wird kein Fett abgebaut. Vielmehr wird sogar noch ein Enzym für die Fettspeicherung aktiviert – und der für den Fettabbau zuständige Gegenspieler des Insulins, Glukagon, wird geblockt.

Schon während der Kindheit und Jugend lernen wir von unseren Eltern: aufzuessen, viel oder wenig zu essen, gern zu essen – oder eben nicht, sich selbst mit Süßem zu trösten … Diese erlernten Gewohnheiten und die Menge der Bewegung legen die Grundlage für Fett- und Muskelzellen im Körper. Wer sich als Kind wenig bewegt, hat es als Erwachsener viel schwerer, Sport zu treiben, als jemand, der bereits als Kind sehr aktiv war. Das heißt also, wenn Sie früher sportlich waren, haben Sie eine tolle Grundlage, das auch heute noch zu sein – oder zumindest die Chance, heute deutlich einfacher wieder mit Sport anzufangen als ein Mensch, der von Kindheit an ein Sportmuffel war.

Es spielen viele weitere Details eine Rolle: Hatten Sie als Vorbild vielleicht eine Mutter, die ständig auf Diät war? Haben Sie Zeitschriften gelesen oder angesehen, in denen computerkorrigierte Idole zu sehen waren? Dann konnte möglicherweise eine Einstellung wie »Ich bin nicht richtig« in Ihnen wachsen. Das wird noch weiter verstärkt, wenn dieser Eindruck von außen bestätigt wird: Ein Mensch, der schon als Kind als »Moppel« bezeichnet und behandelt worden ist, hat dies in seinem Gehirn gespeichert und muss erst einmal ein neues Selbstbild aufbauen, ehe er seinen Körper verändern kann.

Auch viele Verhaltensmuster werden bereits in der Kindheit erlernt. Damit ist gemeint, wie wir in bestimmten Situationen reagieren: Haben Sie beispielsweise das Gefühl, viel leisten zu müssen, damit Sie Anerkennung bekommen? Dann kann es sein, dass Sie Trost brauchen, wenn das Prinzip nicht funktioniert, wenn Sie also viel leisten, die Anerkennung aber ausbleibt. Ein Trost kann dann das Essen sein. Oder haben Sie vielleicht erlebt, dass ein gewisses Verhalten mit Essen belohnt wird? Dann »gönnen« Sie sich bestimmt heute auch immer mal wieder Essen als Belohnung.

Später im Erwachsenenalter beeinflussen weitere Faktoren Ihr Gewicht. Die Stoffwechselaktivität wird ab dem 25. Lebensjahr verlangsamt, ab dem 30. Lebensjahr baut der Körper Muskelmasse ab und Fettgewebe leichter auf.

Mit jeder Diät, die Sie durchexerziert haben, wird der Stoffwechsel träger und die Fettspeicherung wahrscheinlicher. Auch Medikamente, die Sie einmal genommen haben oder noch nehmen, können das Gewicht beeinflussen. Bekannt dafür sind zum Beispiel Schlafmittel, Antidepressiva oder Hormonpräparate. Kurzum, verstehen Sie Ihr Gewicht als ein Ergebnis dessen, was Ihr Körper und Ihre Seele in Jahrzehnten erlebt haben. Es lässt sich deshalb auch nicht in wenigen Tagen verändern. Lassen Sie sich Zeit und erkennen Sie erst einmal die Zusammenhänge, die hinter Ihrem derzeitigen Körpergewicht stehen.

Den Zusammenhang zwischen Stress und Gewicht erkennen

Die Weltgesundheitsorganisation erklärte Stress zur größten Gesundheitsgefahr des 21. Jahrhunderts. Wir gehen heute davon aus, dass bei etwa 70 Prozent aller Krankheiten Stress als eine der Ursachen zugrunde liegt. Das Problem dabei ist nicht zuletzt: Stress macht dick. Nicht irgendwo, sondern am Bauch.[36] Wenn sich dort das Fett sammelt, ärgert uns das nicht nur aus optischen Gründen: Das Bauchfett erhöht auch die Risiken für Herzinfarkt, Diabetes und Entzündungen dramatisch.

Stress ist aus mehreren Gründen ein solcher Dickmacher: Wir essen längst nicht mehr, um Hunger zu stillen, sondern um unsere durch den heutigen Lebensstil auf Entzug befindliche Seele zu trösten, uns zu entspannen oder zu beruhigen – all das natürlich vor allem bei Stress. Hinzu kommt unser Lebensstil mit hektischem, unkonzentriertem Essen, gern im Vorübergehen oder nebenbei während des Fernsehens oder beim Arbeiten am Computer. Gerade beim »Stress-Essen« nehmen wir besonders viele Fette und Kohlenhydrate auf. Das geschieht, weil der Abfall des Blutzuckers zu Heißhungerattacken führt, die man am liebsten mit Süßem und Fettem abwehrt. Dabei aufgenommene überflüssige Energie wird bevorzugt in der Körpermitte als Stress-Fett gespeichert. Dieses Fett verfügt über besonders viele Cortisolrezeptoren, die die Bildung des Cortisols wieder befördern, woraufhin neue Energie als Fett gespeichert wird, und so geht es wieder von vorn los. Gewichtsprobleme sind als Reaktion auf unsere Lebensumstände, als Resultat einer Dysbalance zwischen Körper, Seele und Umwelt zu begreifen.

Der Weg aus dem Teufelskreis: Achten Sie auf die richtige Bilanz zwischen »etwas leisten« und »sich etwas Gutes tun«. Dies können Sie beispielsweise durch natürliche, frische Nahrung tun und langsames, konzentriertes Essen. Trinken Sie auch ausreichend, am besten viel Wasser.

Bewegung baut Stress ab – am besten täglich und an frischer Luft. Wichtig ist außerdem ausreichend Schlaf und Zeit zum Ausruhen. Entspannung, egal ob beim Yoga, Meditieren oder bei Musik, schaltet Stress ab. Und nicht zuletzt spielt es eine Rolle, wie weit Sie von guten Gedanken begleitet werden: Liebe, Zärtlichkeit, Zufriedenheit mit sich selbst, motivierende Ziele, eine positive Einstellung zu sich und dem Leben.

Welche Rolle das Gehirn spielt

Mit Ihren Gedanken können Sie Körpervorgänge und Befinden beeinflussen. Auch Ihr Gewicht. Der Mechanismus lässt sich gut am Placebo-Effekt verdeutlichen. So wissen wir heute, dass die Wirkung von Medikamenten und Behandlungen ganz deutlich von den Erwartungen und dem Verhalten des Arztes abhängen. Der umgekehrte Mechanismus wird Nocebo-Effekt genannt. Gemeint ist damit die Erwartung, dass etwas nicht funktioniert oder wir keinen Einfluss auf etwas haben. Ich erwähne ihn hier, weil aus meiner Erfahrung viele Menschen, die sich mit Ernährung befassen, negative Erwartungen haben. Wenn Sie fürchten, dass Essen – und vor allem Schokolade – dick machen, Sie allergisch reagieren oder Sie es nicht schaffen abzunehmen, wird das auch so kommen. Denn wir verhalten uns konform zu unseren Erwartungen und Befürchtungen.

Vorhaben scheitern außerdem daran, dass wir unser Ziel zu unkonkret definieren: »Ich will nicht mehr so dick sein«, »ich will abnehmen« oder »ich will weniger Schokolade essen« sind schwer erreichbare Ziele, weil unklar ist, wie der Zielzustand genau aussieht. Ein wichtiger erster Schritt ist deshalb die richtige Zielfestlegung für den Geist. Das sollten klare Definitionen sein wie: »Ich wiege 70 Kilo« oder »Ich steige die Treppen zum Büro, ohne zu schnaufen«. Noch besser, wenn Sie es weiter eingrenzen können: »Ich wiege zu meinem 43. Geburtstag 70 Kilo.«

Wenn Sie dieses Ziel gefunden haben, dürfen Sie träumen und in Bildern schwelgen: Wie wird es sein, wenn Sie am Ziel sind? Fühlt sich das Ziel richtig und gut an für Sie? Unser Unterbewusstsein braucht Herzenssprünge, Emotionales. Erstellen Sie anschließend danach einen Plan und überlegen Sie, was alles zu tun ist, um an Ihr Ziel zu kommen.

Das Gehirn ist aber nicht nur über unsere Gedanken und Gefühle am Zu- und Abnehmen beteiligt. Auf einen wesentlichen biologischen Mechanismus möchte ich an dieser Stelle kurz noch einmal zurückkommen (siehe auch Seite 123): das mesolimbische dopaminerge Belohnungssystem. Es sorgt dafür, dass wir auf angenehme, für den Körper nützliche Situationen (wie beispielsweise die Nahrungsaufnahme) mit der Ausschüttung von Dopamin im Gehirn reagieren. Dadurch entsteht ein Glücksgefühl. Auf diese Art lernen wir, was gut für uns ist, und möchten dies gern wiederholen, um wieder mit einem Glücksgefühl belohnt zu werden. Je hochkalorischer das Essen ist, umso glücklicher macht es uns. Leider fehlen uns im Alltag oft andere Glücksbringer wie schöne Musik, Humor, andere glückliche Menschen, altruistisches Handeln oder Tagträume, die dieses Glücksgefühl ebenfalls auslösen. So kann der Essen-Glücks-Mechanismus ein Teufelskreis werden.

Finden Sie Ihre mentalen Fallen beim Abnehmen

Wie vielen der folgenden Aussagen stimmen Sie zu?

1. Ich habe viele schlechte Erfahrungen mit dem Abnehmen.
2. Ich weiß genau, wie viel ich wiegen will.
3. Ich habe Zweifel, ob ich es diesmal schaffe.
4. Abnehmen ist mit Leiden verbunden.
5. Mein Motto ist »Es gibt immer einen Weg«.
6. Ich belohne mich für jeden einzelnen Erfolg bei meinem Abnehmplan.
7. Ich würde mich mehr mögen, wenn ich schlanker wäre.
8. Ich muss mich nur zusammenreißen, dann schaffe ich es.
9. Ich habe einfach Pech mit meinem Körper.

(Die Aussagen 2, 5 und 6 sind keine Abnehmfallen – alle anderen Aussagen schon. Tappen Sie nicht hinein!)

Der Zusammenhang zwischen Hormonen und Gewicht

Unsere Gewichtsregulation wird durch Hormone gesteuert. Neben dem bei Blutzuckeranstieg gebildeten Hormon Insulin führt auch das Stresshormon Cortisol zur Fettspeicherung. Glukagon, das

Wachstumshormon HGH, aber auch Stresshormone wie Adrenalin und Cortisol sind hingegen an der Fettverbrennung beteiligt. Neuste Erkenntnisse zeigen aber auch, dass das Adrenocorticotrope Hormon (ACTH) dafür sorgt, dass unser Belohnungszentrum mit dem Appetit gekoppelt wird, wir also Frust durch Essen abbauen. In diesem Zusammenhang spielt auch der Schlaf eine wichtige Rolle: Satt- beziehungsweise Abnehmhormone werden erst gebildet, wenn wir ausreichend lange schlafen.

Auch die verstärkte Lust auf Süßes bei Stress ist kein Zufall. Sobald nämlich das Stresshormon CRH (Corticotropin Releasing Hormone) ausgeschüttet wird, hebt dies das Verlangen nach Zucker um das Dreifache an. Dann wird genascht und auf diese Art im Gehirn Serotonin freigesetzt, das entspannt und gute Laune bringt.

Auch der so genannte »Menobauch« bei Frauen über 40 zeigt die Rolle der Hormone: Weibliche Östrogene begünstigen die Speicherung von Fett an Hüften und Oberschenkeln. Werden mit zunehmendem Alter weniger Östrogene und mehr Testosteron gebildet, wird vermehrt Fett am Bauch gespeichert. Hinzu kommt die Wirkung von Stress, den oft Frauen in der Lebensmitte besonders stark erleben, der ebenfalls die Speicherung von Bauchfett fördert. Glücklicherweise können Sie ein wenig gegensteuern und die Bildung Ihrer Hormone beeinflussen. So können Sie ins Freie gehen statt zum Bäcker, um das Glückshormon Serotonin zu bilden. Sie können Nüsse, Olivenöl und Fisch essen. Auch ausreichender Schlaf und Entspannungsphasen sind sehr wichtig, um dem Bauchfett vorzubeugen.

Süßes Leben ohne Reue

Haben Sie sich auch schon oft gefragt, warum das, was Sie gern essen, häufig dick macht? Dies trifft leider insbesondere auf Süßes zu. Gibt es einen Ausweg? Ich nasche sehr gern und bin deshalb dieser Frage nachgegangen. Die Vorliebe für Süßes ist angeboren. Aber auch Stress führt zu Heißhunger auf Süßes oder auf kohlenhydratreiche Nahrungsmittel.

Süßes fördert außerdem die Bildung von Serotonin, das uns ruhig und zufrieden macht. Damit wird nachvollziehbar, warum wir in den sonnenarmen Wintermonaten oder in Stresszeiten mehr Süßes wollen.

Nicht zu vergessen sind die psychologischen Funktionen des Naschens, denn da gibt es zahlreiche: Es soll Trost spenden, Stress abbauen, Belohnung sein …

Den genannten Fallen können Sie entgehen, wenn Sie Stress abbauen, regelmäßig essen und dann Lebensmittel, die Ihren Blutzuckerspiegel relativ konstant halten, wie Eiweiße, Gemüse, Nüsse und dunkle Schokolade. Der Zucker im Obst – die Fruktose – ist nicht unumstritten. Dennoch können Sie weiter Obst genießen, denn auch hier kommt es auf das rechte Maß an: Bevorzugen Sie einheimisches Obst, besonders Beeren mit wenig Fruchtzuckergehalt, und bleiben Sie bei dem berühmten einen Apfel am Tag. Und zum Süßen verwenden Sie statt Zucker oder Süßstoffen am besten Agavendicksaft, Stevia oder Kokosblüte.

Fett macht nicht unbedingt fett

Ernährungsinteressierte Menschen beklagen oft die Widersprüchlichkeit der unzähligen Informationen. Zu jeder Meinung gibt es eine Gegenmeinung, was gestern gilt, wird heute in Frage gestellt und morgen wieder umgeworfen. Oft stellt man plötzlich sogar fest, dass man über lange Zeit versucht hat, sich gesund zu ernähren – und vielleicht genau das Gegenteil erreicht hat. Lassen Sie uns das am Beispiel »Fett« betrachten.

Fettreduzierte Produkte waren vor Jahren schon die Reaktion der Lebensmittelindustrie darauf, dass wir uns möglicherweise zu fettreich ernähren. In diesen Produkten wurde Fett in der Regel durch Wasser ersetzt. Der gute Geschmack und ein befriedigendes Essgefühl, zu dem uns Fett sonst verhilft, gehen damit leider verloren. So wird bei der Produktion dieser Nahrungsmittel mit Zucker, Salz, Emulgatoren und Aromen nachgeholfen. Wenn Sie einen Quark mit 0,1 Prozent Fett und sahnigem Geschmack kaufen, sollten Sie sich einfach die Frage stellen: Wie kann das sein? Chemische Kunstgriffe machen es möglich – den Preis für den falschen Genuss zahlt Ihr Körper. Weil Sie im Ergebnis mehr von diesen Produkten zu sich nehmen. Denn die mangelnde Energiezufuhr macht Hunger. Der Kopf sagt »du darfst« – und die im Produkt enthaltenen Geschmacksverstärker machen dadurch auch noch weiter Appetit.

Der Weg aus der Fett-Falle: Achten Sie auf die Qualität der Fette, statt sie generell zu reduzieren. Essen Sie also weniger Croissants, Knacker oder Chips und dafür mehr pure Nüsse, Olivenöl oder Fisch. Am besten funktioniert gesunde Ernährung, wenn Sie immer wieder Neues ausprobieren. Ein Blick in fremde Töpfe ist auch in dieser Hinsicht interessant: In der mediterranen Küche beispielsweise werden viele Gerichte mit gesunden ungesättigten Fetten zubereitet. Und in der asiatischen Küche sind Kokosfett und Ghee (geklärte Butter) interessante und gesunde Alternativen zum Bekannten.

Her mit den Nüssen!

Egal ob Haselnuss, Walnuss oder Macadamia – Nüsse machen nicht nur satt, sondern helfen auch beim Abnehmen und reduzieren Cholesterin- und Blutfettwerte.

Das Beste daran: Sie müssen für die Nüsse nicht einmal etwas anderes weglassen, Sie können sie zusätzlich zu Ihrer Alltagsnahrung naschen. Denn Nüsse werden unvollständig absorbiert, führen zu einer höheren Fettverbrennung und einem Anstieg des Ruheenergieumsatzes.

Kurz: harte Schale, wunderbarer Kern!

Die Macht der Gewohnheiten

Kaum ein anderes Verhalten zeigt so deutlich unsere Persönlichkeit wie unser Ernährungsverhalten. Wir übernehmen Gewohnheiten unserer Eltern (siehe auch ab Seite 180), sind langsame oder schnelle Esser, genießen oder versorgen uns nur, nehmen uns selbst wichtig oder nicht. Wir hetzen durch das Leben, »vergessen« das Essen, weil wir keine Zeit zu haben glauben oder Kalorien sparen wollen. Abends oder am Wochenende tafeln wir hingegen gern ausufernd. Das Völlegefühl wird mit Schnaps oder Tabletten »zum Magenaufräumen« reguliert.

Optimal ist es, den eigenen Instinkt und Hunger wieder zu wecken: Hunger ist ein Mangelsignal. Er zeigt, dass Nährstoffe fehlen und der Körper bereit ist, neue Nahrung aufzunehmen.

Das heißt aber auch, dass der Körper jetzt Nachschub braucht. Stellen Sie sich das am besten so ähnlich wie bei Ihrem Auto vor, wenn das Lämpchen an der Tankanzeige leuchtet. Leider übersehen wir dieses Signal bei unserem Körper allzu oft. Das Auto würde einfach stehen bleiben, wenn der Tank leer ist. Unser Körper verliert seine Leistungsfähigkeit.

Eine häufig diskutierte Frage ist die, wie viele Mahlzeiten beim Abnehmen täglich optimal sind. Nachdem lange Zeit drei Mahlzeiten pro Tag propagiert wurden, kam in den letzten Jahren die Empfehlung, fünf kleine Mahlzeiten am Tag zu sich zu nehmen. Der Blutzuckerspiegel bleibe so konstant und Heißhungerattacken oder Leistungstiefs werde vorgebeugt. Neuerdings liegen wieder drei Mahlzeiten im Trend, weil sich herausgestellt hat, dass wir bei vielen kleinen Mahlzeiten doch insgesamt zu viel essen. Hinzu kommt: Nur ausreichende Insulinpausen führen zur Fettverbrennung, weil der Körper erst dann Energie aus den Fettspeichern entnimmt.

Was ist aber nun passend? Sollte der Körper Hunger oder Appetit melden, bin ich ein Freund kleiner eiweißhaltiger Zwischenmahlzeiten (die weitgehend insulinunabhängig verdaut werden). Bei jeder dieser Zwischenmahlzeiten sollten Sie sich jedoch fragen, ob Sie aus Hunger, Stress oder Gewohnheit essen.

Wenn Sie sehr bewusst essen, hat das Vorteile, aber auch ein Risiko. Bekannt ist, dass gerade die kontrollierten Esser – also Menschen, die sich genau überlegen, was, wie viel und wann sie essen – sehr anfällig für Fressattacken und ausufernde Gelage sind. Zum einen, weil der Körper den Ausgleich zum Fehlenden sucht und sich irgendwann gegen Willen und Kontrolle »durchsetzt«. Zum anderen, weil es eine kraftraubende Leistung ist, ständig das eigene Essen zu kontrollieren. Ich schlage deshalb Menschen, die sehr bewusst mit ihrem Essen umgehen wollen, gern vor, einen »Jokertag« oder »Alles-erlaubt-Tag« pro Woche einzulegen. An diesem Tag darf alles und in jeder Menge gegessen wer-

den. Das bringt seelische Erleichterung, hält den Stoffwechsel auf Trab und beugt Unterversorgung vor.
Der Psychologe Andreas Winter zeigt in seinem Buch »Abnehmen ist leichter als Zunehmen«[37] den Zusammenhang zwischen dem Wunsch nach Wohlbefinden, Gewicht und Essen. Da unter Druck abzunehmen ähnlich ist wie unter Druck einzuschlafen, nämlich fast unmöglich, sollte der Stressfaktor aus dem Thema Gewicht genommen werden. Das gelingt, indem Sie Ihre ganz eigenen Ziele und Wünsche formulieren. Dazu gehört, sich selbst zu erkennen. Zum Beispiel: Welche Speisen wecken unbewusst eine wohltuende Erinnerung? Indem wir sie immer wieder essen, wollen wir dieses Gefühl wieder erleben. Deshalb ist Andreas Winters wichtigster Hinweis: Sich zuerst wohl zu fühlen und dann zu essen – statt zu essen, um sich wohlzufühlen.
Fettspeicherung braucht stressbedingte Neurotransmitter. Sie entstehen, wenn wir uns nicht wohlfühlen, traurig, verärgert oder gelangweilt sind und dann essen. Der Wunsch dabei ist, ein dadurch entstehendes besseres Gefühl zu erleben und festzuhalten. Gefühle kann man aber nicht festhalten. Stattdessen wird das Fett gespeichert. Der Körper baut Fett von ganz allein ab, wenn es keinen Grund mehr gibt, es zu behalten.

Ganz praktisch – noch ein paar Tipps

- Räumen Sie die Schränke leer von möglichen Versuchungen. Was nicht da ist, ruft nicht.
- Legen Sie Vorräte an von leckeren Dingen, die Ihrem Körper und Herzen gut tun und gesund sind: Oliven oder eingelegtes Gemüse, Linsen, Vollkornnudeln, Naturjoghurt, Äpfel, getrocknete Aprikosen, dunkle Schokolade ...
- Schreiben Sie Einkaufslisten. Das spart Zeit, Geld und verhindert, dass Sie das Falsche mitnehmen.
- Vorsicht mit Appetitmachern wie Süßigkeiten, Brot oder Alkohol, besonders abends, wenn Sie wissen, dass Sie schnell die Beherrschung verlieren. Eiweißhaltige Nahrungsmittel wie ein kleiner Becher Naturjoghurt oder eine Scheibe Käse stoppen dagegen den Heißhunger.
- Achten Sie darauf, was Ihnen wichtig ist: Wenn Sie beim Essen gern nachnehmen, bemessen Sie die Portionen so, dass dies möglich ist. Wenn Sie gern viel essen, bereiten Sie mehrere Gänge und starten immer mit Salat.
- Gewicht hat immer eine Geschichte. Lernen Sie daraus. Wann haben Sie wie zu- oder abgenommen? Wiederholen Sie Ihre Erfolge. Was fällt Ihnen leicht? Was tut Ihnen gut? Fünf oder drei Mahlzeiten, warmes oder kaltes Essen, welche Art der Bewegung mögen Sie? Denken Sie individuell, Sie selbst kennen sich am besten. Finden Sie ein Abnehmkonzept, das gut zu Ihnen passt. Am erfolgreichsten beim Abnehmen sind Menschen, die sich wenig Sorgen um das Gewicht machen, realistische Erwartungen haben und an ihre eigene Kompetenz glauben.
- Prüfen Sie, ob der Zeitpunkt zum Abnehmen der richtige ist. Wenn Sie gerade viel um die Ohren haben, kann »Gewicht halten« schon ein anspruchsvolles Ziel sein.
- Vermeiden Sie Überforderung, sonst geben Sie zu schnell auf. Gehen Sie lieber kleine, lustvolle Schritte als große,

schmerzhafte. Belohnen Sie sich schon für kleine Erfolge und verlassen Sie die Perfektionismusfalle.

- Denken Sie neu. Alles, was keinen Spaß macht, ist langfristig zu Misserfolg verdammt. Ihre Erfahrung wird Ihnen das bestätigen. Je größer die Einschränkung war, umso eher haben Sie aufgegeben – und umso ausufernder das Versäumte nachgeholt.
- Akzeptieren Sie das Gewohnheitstier in sich. Alles braucht Training, Geduld, Zeit, Wiederholung, Erfahrungen. Dann etablieren sich neue Gewohnheiten, und es wird immer leichter, nach neuen Spielregeln zu leben.
- Egal, ob Sie mit Ihrem Körper zufrieden sind oder etwas daran verändern möchten: Hier kommt wieder die Einladung zum sofortigen guten Leben. Sich das zu gönnen, was Sie wollen, und es nicht zu verschieben oder von Bedingungen wie einer bestimmten Körperform abhängig zu machen, deren Eintreten Sie nicht garantieren können.

Abnehmziele überprüfen

Der Körper kann nicht in wenigen Wochen viele Kilos gesund loswerden, die er jahrzehntelang angesammelt hat. Ein Kilogramm pro Monat zu verlieren wäre für den Körper ein gutes, haltbares Maß.

Ihr Wunschgewicht sollte Ihrem Wohlfühlgewicht entsprechen. Überlegen Sie einmal, wann Sie sich mit Ihrem Gewicht richtig wohl gefühlt haben und es deshalb ganz einfach halten konnten.

Kleine Helfer: einfach zur Wunschform

1 Erst denken, dann handeln

Planen Sie auch beim Wunschgewicht, bevor Sie etwas tun. Bevor Sie zum Beispiel in den Urlaub fahren, überlegen Sie doch auch erst einmal, wohin Sie wollen und was zu Ihnen passt. Sie vergleichen Angebote und Erfahrungen – tun Sie es beim Essen ebenso.

2 Finden Sie attraktive Gründe für eine Veränderung, denn

unser Gehirn macht immer eine Kosten-Nutzen-Rechnung auf. Es braucht attraktive Gründe für eine Veränderung. Es geht Ihnen doch jetzt auch schon gut – warum sollten Sie sich für einen Veränderung anstrengen?

3 Prüfen Sie, ob Ihre Vorhaben wie Schokolade auf der Zunge zergehen

Nun fühlen Sie einmal den Unterschied, wenn Sie sagen »ich **will** fitter, schlanker, attraktiver… werden« und »ich **muss** fitter, schlanker, attraktiver… werden«. Ersteres ist doch deutlich angenehmer, oder? Unser Gehirn unterstützt das Wollen lieber als das Müssen – so wird es einfacher, dranzubleiben.

4 Nehmen Sie Hindernisse vorweg

Wie könnten Sie sich selbst bei der Zielerreichung im Weg stehen? Egal ob Trägheit, Zweifel oder schlechte Erfahrungen – wenn Sie auf Hindernisse vorbereitet sind, statt sich selbst etwas vorzumachen, haben Sie schon gewonnen.

5 Entscheiden Sie sich – keine Versuche mehr

Ist Ihr Ziel attraktiv genug, damit Sie auch wirklich etwas dafür tun wollen, dann entscheiden Sie sich eindeutig dafür. Keine »Versuche«! Verpflichten Sie sich zum Erfolg. Scheitern ist keine Option. Dafür kann es auch mal länger dauern oder etwas schwieriger werden.

6 Gut geplant ist halb gewonnen

Um das Ziel auch wirklich zu erreichen, ist es sinnvoll, sich Teilschritte und notwendige Aktionen zu überlegen. Entwickeln Sie Tages-, Wochen- und Monatsziele, notieren Sie sie und tragen Sie alles, was Sie tun wollen, im Kalender ein.

7 Belohnen Sie sich

Unser Gehirn liebt Belohnungen. Motivieren Sie sich mit attraktiven Belohnungen – Ausflüge, Auszeiten, Genuss-Stunden – schon für kleine Schritte, so macht es mehr Spaß. Und was Spaß macht, ist erfolgreicher.

8 Genießen Sie, was Sie tun

Ja es stimmt, der Weg ist das Ziel. Verschieben Sie den Spaß also nicht in die Zukunft, sondern haben Sie jetzt schon Freude an dem, was Sie tun. Wenn es keinen Spaß macht, ist es eventuell nicht das Richtige.

9 Naschen Sie Schokolade zum Frühstück

Mal abgesehen, dass es Ihnen mit solch einem süßen Start gleich morgens gut geht, fanden der Universität Tel Aviv heraus, dass mit diesem süßen Trick der Stoffwechsel auf Trab kommt und Heißhungerattacken verhindert werden[38].

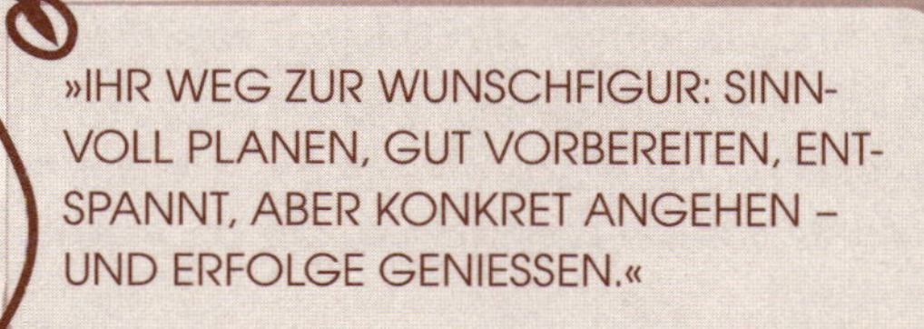

Genussvoller Abschluss: Warum das Leben wie Schokolade-Essen ist

Wenn ich jetzt zu Ihnen käme, wen würde ich treffen?
Da die Beschäftigung mit Schokolade Freude bereitet, gehe ich davon aus, dass ich ein Lächeln und glänzende Augen sehen würde. Ich hoffe, Sie haben es sich beim Lesen gemütlich gemacht und hatten Ihre Lieblingsschokolade dabei.
Was hat sich in Ihrem Leben getan, seit Sie mit der Lektüre des Buches begonnen haben?
Wenn es Ihnen gelungen ist – und immer mehr gelingt –, die Schokoladenseiten Ihres Lebens und Ihrer Person zu sehen, wird der »Schokoladeneffekt« in immer mehr Bereichen Einzug halten: Leichtigkeit, Süße, Lebensfreude …
Auch zum Schluss möchte ich noch einmal betonen, dass alles eine Frage der Sichtweise ist. Und diese beruht auf unseren Erwartungen, denn diese bestimmen, was wir wahrnehmen und erleben. Wir machen es uns leicht oder schwer, wir erwarten das Beste – oder eben nicht. Die Schokoladenmetapher kann Sie künftig leiten. Sie ist der Beweis, dass und wie es funktionieren kann. Sie ist der Beweis, dass wir in einem Bereich alles tun, was uns gut tut. Dass wir einfach loslegen und nicht immer wieder verschieben. Dass wir genau wissen, was wir wollen, und bewusst gut für uns sorgen. Wenn wir das beim Schokolade-Essen können, dann können wir es wieder und wieder – und in verschiedenen Lebensbereichen.

Denken Sie künftig einfach bei jedem Stück Schokolade, das Sie genießen, bewusst daran, dass Sie sich grade etwas Gutes tun. Denken Sie an etwas Schönes. Denken Sie einen Augenblick gut über sich.
Jeder Schokobissen darf künftig eine Erinnerung an sich selbst sein. An die Fragen: Lebe ich so, wie ich es möchte? Tue ich mir genug Gutes? Genieße ich das Leben?
Ich habe das Schreiben dieses Buches in vollen Zügen genossen. Ich bin dankbar, dass ich von und mit vielen Menschen lernen durfte und den perfekten Verlag an meiner Seite hatte. Ich habe mit und ohne Schokolade geschrieben, aber immer mit Freude. Und das wünsche ich auch Ihnen: Freude zu haben an dem, was Sie tun – und immer ein Stück Schokolade parat zu haben.

Alles Gute wünscht Ihnen
Ihre Ilona Bürgel

Anhang

Adressen und Kontakte rund um die Schokoladenseiten des Lebens

Was Sie schon immer über Schokolade wissen wollten … Hier finden Sie allerlei Informationen rund um die süße Leidenschaft.

Das große Informationsportal rund um Kakao und Schokolade

Mit Wissenschaftlichem, Historischem und Leckerem für große und kleine Naschkatzen *www.infozentrum-schokolade.de*

Die größte Büchertippsammlung zum Thema Schokolade

… sowie eine eigene Schokoladenbroschüre mit Wissenswertem und Historischem findet sich bei *www.infozentrum-schokolade.de*

Schokoladenzeit – eine eigene Genuss-Philosophie

Schokolade zum Bestellen und viele interessante Informationen dazu. Auf »Schokoladenzeit« geht es darum, Zeit zu genießen – und sogar Zeit zu gewinnen: Dabei hilft diese Website, denn wer möchte, bekommt hier jeden Monat eine neue Pralinenauswahl frei Haus: *www.schokozeit.de*

Hier gibt es Schokoladentests

Schokolade vergleichen und testen: Peter Berger übernimmt dies für uns und schreibt einen unterhaltsamen Blog dazu, lesen Sie selbst: *de.chclt.net*

Chocoladenseiten – das elegante Kundenmagazin

Fanclub und Kunden von Lindt erfreuen sich an den zweimal jährlich erscheinenden »Chocoladenseiten«, *www.lindt.com* (hier unter Lindt-Fanclub zu finden).

Der größte Erfahrungsblog im Netz

Eine Ode an die Schokolade – die Speise der Götter – singt Andre Alpar und beschreibt informativ und umfassend viele Sorten, die Sie bestimmt noch nicht kennen. Unbedingt ansehen: Das Kakao-O-Meter und die Schokosuchmaschine. So viele amüsante Ideen auf einer Seite findet man selten – aber hier sind sie: *www.schokolade-blog.de*

Vielseitige Angebote rund ums süße Glück

Übernachten auf Schokoladenbetten? Nein, »Hotel Chocolates« ist leider nicht der viel versprechende Name eines Hotels, in dem ich sofort einchecken würde, sondern vielmehr eine elegante Internetseite mit außergewöhnlichen Schokoladenangeboten: *www.hotelchocolat.co.uk*

Schokolade im Museum

Besonders gefällt mir die kleine Schoko-Schule für Kinder im Schokoladenmuseum Köln: *www.schokoladen museum.de*

Süße Ideen für jeden Schokoladen-Fan

Viele, viele Anregungen, mit denen Sie sich selbst eine Freude bereiten können oder gute Freunde überraschen können – Schokolade ganz originell!

Schokoladenvisionär mit guten Ideen

Sollten Sie die Manufaktur »Goldhelm Schokolade« in Erfurt noch nicht kennen, gibt es etwas nachzuholen. Weil es Mut macht zu sehen, wie erfolgreich man ein Geschäft aufbauen kann, wenn man eine Vision und Ideen mit Herzblut hat. Traumhafte Schokoladenideen zum Kaufen oder Bestellen – etwa Pralinen im Glas –, originelle Veranstaltungen – wie das Goldhelm Abenddinner mit Köstlichkeiten wie Forellenfilet in weißer Goldhelm-Schokoladenzabaione – hier ist für jeden Genießer etwas dabei! *www.goldhelm-schokolade.de*

Origineller Luxus

Bodypaint-Set mit Nougat oder Schokolade mit Goldflocken – so etwas bekommen Sie im Internet oder in den Hamburger Geschäften von *www.mutterland.de*

Es gibt wieder Telegramme – und zwar aus Schokolade

… und wer es ganz kurz mag, verschickt eine süße SMS: *www.schokotelegramm.de*

Schokolade XXL – für alle, die einfach nicht genug bekommen können

Riesentafeln von 400 Gramm, auch in dunkel und in attraktiver Aufmachung gibt es bei *www.Chocolissimo.de*

Schokoladenblumen

Mit ihrem Duft verzaubert die Schokoblume (Berlandiera lyrata) Groß und Klein. Sie kann durch Samen vermehrt werden. Während der Wachstumsperiode bildet sich eine unterirdische Knolle aus, die im Herbst ausgegraben und im Innenraum kalt und trocken überwintert werden kann. *www.amazon.de*

Taschenrechner mit Schokoladenduft

So macht Schokoladenfans das Rechnen Spaß: mit einem Taschenrechner, der nicht nur nach Schokolade duftet, sondern auch noch genau wie eine leckere Tafel Schoki aussieht: *www.parfum-duft-blog.de/taschenrechner-mit-schokoladenduft/*

Süße Berührungen

Schokoladenmassagen gibt es viele, im bayerischen Illertissen zum Beispiel – und Sie können sich dort sogar selbst ausbilden lassen: *www.helfra.de*

Schokoladenseifen

Können Sie unter *www.natur-seifen shop.de* bestellen. In der Kategorie: »Naturseife, süße Düfte Schoki Vanille und mehr« finden Sie viele süße Varianten, etwa die Schokoladenseife Belgian Chocolate.

Raumduft, der Nase und Seele erfreut

Hier werden Sie fündig: Neuendorfer Räucherkerzen Schokoladenduft: *www.juergen-huss.de/schokoladenduft_raeucherkerzen.html*, Knox Räucherkerzen Schokolade: *www.knox.de* (hier im Shop bei der Duftrichtung »Weihnachtliche Gewürze«), Crottendorfer Räucherkerzen »Schokoduft«: *www.shop.crottendorfer-raeucherkerzen.de*

Schoko-Parfüm

Sie möchten Schokolade nicht nur schmecken, sondern auch danach duften? Dann kreieren Sie doch Ihr ganz einzigartiges Parfüm! Mehr dazu unter: *www.myparfum.de*. In der Rubrik »selbst designen« finden Sie auch die Duftrichtung Schokolade.

Schokolade zum Inhalieren

Schokoladen-Aroma-Sticks bekommen Sie unter *www.radbag.de/le-whif-schokoladen-inhalator*

Gruppen von Schokoladenliebhabern

Hier haben sich Schokoladenfreunde zusammengetan!

Schokofreunde in Österreich

In Wien haben sich die Liebhaber der süßen Versuchung organisiert und den »Chocolate Lovers Club« gegründet. *www.chocolateloversclub.at/die-idee.html*

XING-Gruppe Schokolade

Selbst im Berufsnetzwerk XING hat die Gruppe von Schoko-Fans eine beachtliche Größe: Sie hat etwa 3000 Mitglieder. Von Rezepten über Sorten, die Frage, ob man Schokolade grillen kann, bis hin zu Events finden Sie hier zahlreiche Informationen.

Veranstaltungen, Events – immer rund um die Schokolade!

Feste feiern macht Spaß. Und dann noch kombiniert mit der Schoko-Leidenschaft? Besser geht's nicht!

Feiern Sie eine Schokoladenparty

Ob zu Hause, im Urlaub oder wo immer Sie feiern möchten: Zubehör und nette Accessoires wie Brunnen, Fondue und Schokoformen wie Engel und Tanne bekommen Sie unter: *www.pralinenherz.de*

Eigene Schokoladen kreieren

Das wird angeboten unter *www.myswisschocolate.ch* – allerdings wird hier mit Aromen gearbeitet. Noch besser gefällt mir *www.chocri.de* – denn hier gibt es fair gehandelte Schokolade und noch mehr Auswahl!

Salon du Chocolat – Schokoladenfestivals weltweit!

Alles über das internationale Schokoladenfestival mit Standorten weltweit von Paris bis Tokio und Moskau bis New York erfahren Sie auf *www.salonduchocolat.fr*

Die größte Süßwarenmesse der Welt

... für Fachbesucher findet jährlich in Köln statt: *www.ism-cologne.de.* Tipp: Auch Berufsgruppen wie Ernährungsberater finden hier Einlass. Bestimmt lässt man Sie auch gern passieren, wenn Sie auf einem Blog oder für eine Zeitschrift von der Messe berichten möchten. Und falls das alles nicht zutrifft, hilft es sicher, einfach die Lieblingsfirma anzusprechen und um eine Einladung zu bitten.

Der Tag der Schokolade

... findet seit 2008 jährlich statt und wird gemeinsam von Confiserie-Fachhändlern und Premiumlieferanten wie zum Beispiel Lindt, Hachez, Niederegger, Heilemann, Galeria Kaufhof und Confiserien Hussel veranstaltet. Dabei gibt es Verkostungen und Infoveranstaltungen. Was jeweils genau passiert, erfährt man kurzfristig unter *www.clubderconfiserien.de*

Heiraten, umgeben von Schokolade

Den schönsten Tag im Leben versüßt man Ihnen im Schokoladenmuseum Köln *www.schokoladenmuseum.de*

Schokoladenworkshops für Kinder

bietet das Schokoladenmuseum in Barcelona. Selbst wenn Sie nicht gleich hinreisen, lohnt sich auch schon der virtuelle Rundgang.
www.museuxocolata.cat

Schokolade unterwegs...

Die besten Schokoladentipps in verschiedenen Städten der Welt!

Schokoladen-Event an der Weinstraße

In Neustadt an der Weinstraße findet alljährlich der »Petit Salon du Chocolat« statt, bei dem handwerkliche Attraktionen zum Schauen und Mitmachen geboten werden. Informationen unter *www.petit-salon-du-chocolat.eu*

Schokoladenseminare in Berlin

Mehr dazu unter: *www.schokozeit.com.*

Schokoladenrausch bei Rausch in Berlin

Die beste heiße Schokolade der Stadt finden Sie hier, denn hier wird kein Pulver verwendet, sondern hier bekommen Sie richtige geschmolzene Bitterschokolade. *www.fassbender-rausch.de*

Pilgerreise in Sachen Schokolade

Die »Route du Chocolat« führt vom elsässischen Retzwiller vorbei an 40 schokoladigen Rastplätzen nach Bad Bergzabern in der Südpfalz. 40 Prozent der französischen Schokolade und Pralinen stammen aus dem

Elsass. Die Chocolaterien der »Route du Chocolat« vergeben einen Schokoladenpass. Erfahren Sie mehr im Musée Les Secret du Chocolat.

Schokoladenerlebnisse am See

Ob Schokoladenmenü, Schokoladenmassage oder Besuch in der Schokoladen-Schaumanufaktur mit Schokoladenhaus in Wienholt, das Seehotel Templin hat sein Herz der Schokolade geschenkt *www.seehotel-templin.de*

Schokoladenfestival chocolART in Tübingen

Sie finden hier viele Aussteller, Tastings, aber auch Filme, Seminare und Gespräche, z.B. »Frauen lieben Schokolade« *www.chocolart.de*

Die Chokoladefabrik in Stockholm

ist dreimal in der Stadt vertreten und lädt zu Kuchen und selbst gemachten Schokoladenköstlichkeiten ein: *www.chokoladefabriken.com*

Elegante Schokoladenvielfalt in Dänemark

Anthon Berg hat die Szene der dänischen Schokoladenkultur bereichert. *www.axoco.com*

Süßes Erlebnis am Starnberger See

Dank der gläsernen Manufaktur kann man hier den Schokoladenkünstlern auf die Finger schauen: *www.schokolade-manufaktur.de* – sehenswert!

Ungewöhnliche Gaumenfreuden mit Schokolade

Schokolade und Wein, Schokoladensenf, Schoki und Bier, süßes Pesto, vegane Schoki der kulinarischen Experimentierfreude mit Schokolade sind offensichtlich keine Grenzen gesetzt!

Schokolade und Bier

Diese interessante Kombination können Sie bei einem Seminar des *www.chokladhotell.se* in Stockholm verkosten.

Vegane Süßigkeiten

Die Princess SchokoBar in München Schwabing bietet Süßes ohne tierische Zutaten von Kuchen über Pralinen bis Mousse au Chocolat: *www.princess-chocolate.com*

Schokoladenpesto

Elegant und außergewöhnlich wie die Idee ist auch die Aufmachung – mehr unter *www.kakao-kontor.de*

Schokoladennudeln

Nudeln mit Schokogeschmack gibt es hier: *www.nudelshop-online.de* (hier unter Dessertnudeln) und bei *www.lauvitino.de* (sehen Sie im Naturkost-Shop unter Nudeln und Pasta nach).

Schokoladensenf

Aus Schokolade lässt sich einfach alles herstellen. Zu Wild oder Lamm dürfte Schokoladensenf etwas Besonderes sein: *www.schokoladen-geschenke.de*

Schokolade für Allergiker

Um Allergieauslöser zu vermeiden, wird gern mit Soja als Ersatz gearbeitet – erfreulicherweise gibt es auch dunkle Sorten. Die Online-Shops von *laktosefreie-schokolade.de* und *allergikergenuss.de* bieten eine große Auswahl.

100 Prozent Kakao

Endlich gibt es eine leckere Schokolade mit 100 Prozent Kakaoanteil, und zwar dünn und mit den tollsten Nüssen. Gefunden und genossen bei *www.pralinhuset.se*

Ganz besonders gesunde Schokolade

Ist Schokolade beziehungsweise Kakao nicht sowieso gesund? Ja, und doch liegt der Unterschied im Detail. *www.mxicorp.com* produziert Schokolade in einem Herstellungsverfahren, welches dem von der Olivenöl-Produktion bekannten »extra vergine« oder »kalt gepresst« entspricht. Auf diese Weise wird die Wirkung des Schokogenusses für Immunsystem und Herz weiter verbessert.

»Die beste Schokotarte der Welt«

So wirbt die Conditorei MAELU in München für einen Traum in Dunkelbraun: *www.maelu.de*

Schoko-Kunst

Süße Bilder für Schoko-Künstler.

Malen mit Schokolade

Können Sie und Ihre Kinder probieren in Kursen der Genussschule *www.schokoladen-zauber.de*

Essbare Schokoladenbilder

Hier werden Bilder mit Lebensmittelfarben auf Schokolade gedruckt: *www.chocoleum.de*

In eigener Sache

Die von mir selbst kreierte Schokolade stellt die Firma Erich Hamann KG her: www.hamann-schokolade.de

Die dunklen Seiten der Schokoladenherstellung

Informieren Sie sich – damit Sie guten Gewissens genießen können. Immer wieder diskutiert werden Kinderarbeit und Bedingungen der Kakaogewinnung. Ich informiere mich hierzu bei denen, die sich täglich damit befassen: www.infozentrum-schoko.de/zur-aktuellen-diskussion-ueber-missbraeuchliche-kinderarbeit.html

Literatur

Sie möchten sich weiter informieren? Dann empfehle ich Ihnen die folgende Lektüre.

Baumeister, Roy; Tierney, John: Die Macht der Disziplin. Wie wir unseren Willen trainieren können. Campus Verlag, Frankfurt/New York 2012

Bormans Leo (Hrsg.): Glück – The World Book of Happiness. Dumont Buchverlag, Köln 2011 (3. Auflage)

Byrne, Rhonda: The Magic. MensSana bei Knaur, München 2012

Clifton, Donald O. und Rath, Tom: Wie voll ist Ihr Eimer? Positive Strategien für Beruf und Alltag, Wiley-VCH Verlag, Weinheim 2012

Flaßpöhler, Svenja: Wir Genussarbeiter. Über Freiheit und Zwang in der Leistungsgesellschaft, Deutsche Verlags-Anstalt, München 2011 (2. Auflage)

Fredrickson, Barbara L.: Die Macht der guten Gefühle. Wie eine positive Haltung Ihr Leben dauerhaft verändert. Campus Verlag, Frankfurt/New York 2011

Friedmann, Howard; Leslie Martin: The Longevity Project. Surprising Discoveries for Health and Long Life from the Landmark Eight-Decade Study, Plume, New York 2012

Füngers, Elisabeth: Ayurveda. Das Kochbuch. Südwest Verlag, München 2012

Götz, Lissy: Und am Ende steht Freiheit. Helfen Sie sich selbst! Eigenverlag, Bad Dürrheim 2011

Haas, Oliver: Corporate Happiness als Führungssystem. Glückliche Menschen leisten gerne mehr. Erich Schmidt Verlag, Berlin 2010

Harter, Jim und Rath, Tom: Wellbeing. The Five Essential Elements, Gallup, New York 2010

Hay, Louise L.: Du kannst es! Durch Gedankenkraft die Illusion der Begrenztheit überwinden. Heyne Verlag, München 2010

Hüther, Gerald: Was wir sind und was wir sein könnten. Ein neurobiologischer Mutmacher. S. Fischer Verlag, Frankfurt 2011

Kinslow, Frank: Quanten-Heilung im Alltag. Übungen für Gesundheit, Freizeit und Beruf. VAK Verlags-GmbH, Kirchzarten 2010

Marquardt, Matthias: instinktformel. Das Erfolgsprogramm, das Sie wirklich glücklich macht. Südwest Verlag, München 2012

Matthai, Christian: Detox your Life. Mit Rezepten und Ihrem Detox-Wochenplan. Wie Sie Ihren Körper beim Entgiften unterstützen und sich von Belastungen befreien. Kneipp Verlag, Wien 2010

Michels, Barry; Stutz, Phil: The Tools. Wie Sie wirklich Selbstvertrauen, Lebensfreude, Gelassenheit und innere Stärke gewinnen. Arkana Verlag, München 2012

Mietzner, Lieselotte; Johnson, Spencer: Eine Minute für mich. rororo, Reinbek 2002 (12. Auflage)
Mohr, Bärbel; Mohr, Manfred: Das Wunder der Selbstliebe. Der geheime Schlüssel zum Öffnen aller Türen, Hörbuch. audio media verlag München, 2011
Peters, Achim: Das egoistische Gehirn: Warum unser Kopf Diäten sabotiert und gegen den eigenen Körper kämpft. Ullstein 2012
Scherer, Hermann: Glückskinder. Warum manche lebenslang Chancen suchen – und andere sie täglich nutzen. Campus Verlag Frankfurt/New York 2011
Schuhmacher, Stephan; Seligmann, Martin: Flourish – Wie Menschen aufblühen. Die Positive Psychologie des gelingenden Lebens. Kösel-Verlag, München 2012
Sher, Barbara: Wishcraft. Lebensträume und Berufsziele entdecken und verwirklichen, Edition Schwarzer. Osnabrück 2005 (3. Auflage)
Storch, Maja: Mein Ich-Gewicht. Wie das Unbewusste hilft, das richtige Gewicht zu finden. Pendo Verlag, München 2007
Tolle, Eckhart: Jetzt! Die Kraft der Gegenwart. Ein Leitfaden zum spirituellen Erwachen. J. Kamphausen Verlag & Distribution GmbH, Bielefeld 2000
Tracy, Brian: Eat that frog. Gabal Verlag, Offenbach 2002 (5. Auflage)
Trump, Ivanka: The Trump Card. Playing to Win in Work and Life. Simon & Schuster, New York 2009
Vopel, Klaus W.: Praxis der positiven Psychologie. Übungen, Experimente, Rituale. iskopress, Salzhausen 2009 (2. Auflage)
Wild Helmering, Doris; Hales, Dianne: Denk dich dünn. 101 psychologische Tipps zum Abnehmen. Goldmann 2007
Winter, Andreas: Abnehmen ist leichter als Zunehmen, Mankau Verlag, Murnau 2007 (3. Auflage)

Quellenverzeichnis

1 Lyubomirsky, King and Diener: The benefits of frequent positive affects; Does happiness lead to success? American Psychology Ass. Psychological Bulletin, 2005 Vol 131 No 803–855

2 Flaßpöhler, Svenja: Wir Genussarbeiter. Über Freiheit und Zwang in der Leistungsgesellschaft. Deutsche Verlags-Anstalt, München 2011, 2. Auflage

3 http://news.stanford.edu/news/2005/june15/jobs-061505.html

4 Clifton, Donald O. und Rath, Tom: Wie voll ist Ihr Eimer? Positive Strategien für Beruf und Alltag, Wiley-VCH Verlag, Weinheim 2012

5 Fredrickson, Barbara L.: Die Macht der guten Gefühle. Wie eine positive Haltung Ihr Leben dauerhaft verändert. Campus Verlag, Frankfurt/New York 2011

6 Ebd.

7 Byrne, Rhonda: The Magic. MensSana bei Knaur, München 2012

8 Zhang, Jia Wie; Howell, Ryan T., Department of Psychology, San Francisco State University: Do time perspectives predict unique variance in life satisfaction beyond personality traits? http://www.sciencedirect.com/science/article/pii/S0191886911000961

9 Bopp, Matthias; Braun, Julia; Gutzwiler, Julia; Faeh, David for the National Cohort Study Group: Health Risk or Resource? Gradual and Independent Association between Self-Rated Health and Mortality Persists Over 30 Years. http://www.plosone.org/article/info%3Adoi%2F10.1371%2Fjournal.pone.0030795

10 Fordyce, Michael http://www.youtube.com/watch?v=Rn9VFutue70 Human happiness – its nature & its attainment, Vol II The attainment

11 Quoidbach, Jordi: »Money Giveth, Money Taketh Away: The Dual Effect of Wealth« in: Psychological Science, http://www.heise.de/tp/r4/artikel/32/32169/1.html

12 www.eggetsberger.net/BUC/LimbiClean-Prozess_das_Buch.pdf

13 http://worlddatabaseofhappiness.eur.nl/hap_nat/nat_fp.php?mode=1
14 Veenhofen, Ruut: Was wir wissen. In Bormans, Leo: Glück: The World Book of Happiness. Dumont Buchverlag Köln, 2011, S. 338
15 Lyubomirsky, King and Diener: The benefits of frequent positive affects; Does happiness lead to success? American Psychology Ass. Psychological Bulletin, 2005 Vol 131 No 803-855, http://sonja lyubomirsky.com/wp-content/themes/sonjalyubomirsky/papers/LDinpressb.pdf
16 Miklovic, Dubravka; Rijavec, Majda: Das Rezept. In Bormans, Leo: Glück: The World Book of Happiness. Dumont Buchverlag Köln, 2011, S. 50
17 Matthew Killingsworth: »Wandering mind not a happy mind« http://news.harvard.edu/gazette/story/2010/11/wandering-mind-not-a-happy-mind/
18 Fredrickson, Barbara L.: Die Macht der guten Gefühle. Wie eine positive Haltung Ihr Leben dauerhaft verändert. Campus Verlag, Frankfurt/New York 2011
19 Finerman, Wendy; Starkey, Steve; Tisch, Steve (Produktion); Zemeckis, Robert (Regie); Roth, Eric (Drehbuch) 1994. Forrest Gump (Spielfilm). USA, Paramount
20 Mohr, Bärbel; Mohr, Manfred: Das Wunder der Selbstliebe. Gräfe und Unzer Verlag 2011, S. 122
21 Herzog, Christa www.erfolg-vielgeld.com, Mehr Erfolg – mehr Geld – mehr vom Leben. eKurs (2012)
22 Friedmann, Howard und Leslie Martin: The Longevity Project. Surprising Discoveries for Health and Long Life from the Landmark Eight-Decade Study, Plume, New York (2012)
23 Baumeister, Roy; Tierney, John: Die Macht der Disziplin. Wie wir unseren Willen trainieren können. Campus Verlag, Frankfurt/New York (2012)
24 Thich Nhat Hanh: Jeden Augenblick genießen. Übungen zur Achtsamkeit. Theseus Verlag, Berlin (März 2004)
25 Khema, Ayya: Dem eigenen Herzen begegnen. CD: geleitete Meditation. Jhana-Verlag 2008 (2. Auflage)
26 http://www.telegraph.co.uk/health/healthnews/5070874/Reading-can-help-reduce-stress.html

27 Lyubomirsky, King and Diener: The benefits of frequent positive affects; Does happiness lead to success? American Psychology Ass. Psychological Bulletin, 2005, Vol 131 No 803–855
28 Weihenstephan Genuss-Studie 11.12.2008, http://www.firmenpresse.de/pressinfo67303.html
29 Hüther, Gerald: Was wir sind und was wir sein könnten. Ein neurobiologischer Mutmacher. S. Fischer Verlag, Frankfurt (2011)
30 Gilbert, David; Abdullah, Junaida: A study of the impact of the expectation of a holiday on an individual's sense of well-being. Journal of Vacation Marketing September 2002 8: 352–361
31 De Bloom, Jessica et all: Do we recover from vacation? Meta-Analysis of vacation effects on healt and wellbeing. Journal of occupational health 2009, 51, 13–25
32 Michels, Barry und Stutz, Phil: The Tools. Wie Sie wirklich Selbstvertrauen, Lebensfreude, Gelassenheit und innere Stärke gewinnen. Arkana Verlag, München 2012
33 http://www.iaso.org/site_media/uploads/Final_artwork_congress_guide_approved_21.06.10.pdf
34 Ebd.
35 http://www.stiftungfuerzukunftsfragen.de/nc/de/presse/pressemitteilungen/pressemitteilungen/article/daenen-sind-die-gluecklichsten-europaeer.html
36 http://www.wecarelife.at/ernaehrung-esskultur/risiko-apfelbauch/gefaehrliches-bauchfett/
37 Winter, Andreas: Abnehmen ist leichter als Zunehmen. Mankau Verlag, Murnau (2007)
38 Jakubowicz Daniela in »New Diet: Top Off Breakfast With – Chocolate Cake?« http://www.sciencedaily.com/releases/2012/02/120207133750.htm